Dr. Bère Miesen

»So blöd bin ich noch lange nicht!«

Was in geistig verwirrten,
älteren Menschen vorgeht
Information und Hilfe für Alzheimer-Kranke,
Angehörige, Freunde und Pflegende

aus dem Niederländischen übersetzt von
Karin Arends-Kailer

≡ **TRIAS** THIEME HIPPOKRATES ENKE

Anschrift des Autors:
Dr. Bère M. L. Miesen
Psychogeriatrisch Centrum
›Mariënhaven‹
Mgr. Aengenentlaan 1
Postbus 6
NL-2360 AA Warmond

Umschlaggestaltung:
Friedrich Hartmann, Nagold

Die Deutsche Bibliothek –
CIP-Einheitsaufnahme

Miesen, Bère:
»So blöd bin ich noch lange nicht!«:
was in geistig verwirrten, älteren
Menschen vorgeht; Information und
Hilfe für Alzheimer-Kranke, Angehö-
rige, Freunde und Pflegende /
Bère Miesen. Aus dem Niederl.
übers. von Karin Arends-Kailer. –
Stuttgart: TRIAS Thieme
Hippokrates Enke, 1996
　　Einheitssacht.: Dement ‹dt.›

Titel der Originalausgabe:
Bère Miesen, Dement: zo gek nog niet.
Kleine psychologie van dementie.
Bohn Stafleu Van Loghum,
Houten/Zaventem 1992.
© 1992 Stichting Ouderdom en
Levensloop, Voorschoten.

© 1996 Georg Thieme Verlag
Rüdigerstraße 14,
D-70469 Stuttgart
Printed in Germany
Satz und Druck:
Gulde-Druck GmbH,
72070 Tübingen
Gesetzt auf CCS Textline
Herkules PRO

Gedruckt auf chlorfrei
gebleichtem Papier

ISBN 3-89373-331-0　　1 2 3 4 5 6

Wichtiger Hinweis:

Wie jede Wissenschaft ist die Medizin
ständigen Entwicklungen unterworfen.
Forschung und klinische Erfahrung er-
weitern unsere Kenntnisse, insbesonde-
re was Behandlung und medikamentöse
Therapie anbelangt. Soweit in diesem
Werk eine Dosierung oder eine Applikation erwähnt wird, darf der Leser zwar
darauf vertrauen, daß Autoren, Heraus-
geber und Verlag große Sorgfalt darauf
verwandt haben, daß diese Angabe **dem
Wissensstand bei Fertigstellung des
Werkes** entspricht. Für Angaben über
Dosierungsanweisungen und Applika-
tionsformen kann vom Verlag jedoch keine Gewähr übernommen werden. **Jeder
Benutzer ist angehalten,** durch sorgfältige Prüfung der Beipackzettel der
verwendeten Präparate und gegebenen-
falls nach Konsultation eines Spezialisten, festzustellen, ob die dort gegebene
Empfehlung für Dosierungen oder die
Beachtung von Kontraindikationen gegenüber der Angabe in diesem Buch ab-
weicht. Eine solche Prüfung ist besonders wichtig bei selten verwendeten Prä-
paraten oder solchen, die neu auf den
Markt gebracht worden sind. **Jede Dosierung oder Applikation erfolgt
auf eigene Gefahr des Benutzers.**
Autoren und Verlag appellieren an jeden
Benutzer, ihm etwa auffallende Unge-
nauigkeiten dem Verlag mitzuteilen.

Vorwort zur deutschen Ausgabe

Hirnleistungsstörungen bzw. dementielle Syndrome haben aufgrund ihrer Altersabhängigkeit und hohen Pflegebedürftigkeit eine besondere Bedeutung für unsere Gesellschaft. Es existiert inzwischen eine Vielzahl von Büchern über Diagnostik, Therapie und Umgehen mit Hirnleistungsgestörten, aber nur wenige stellen die psychosozialen Probleme im täglichen Leben in den Mittelpunkt, obwohl sie doch für die Lebensqualität des Betroffenen und seiner Umgebung zentrale Bedeutung besitzen. Demenz ist eine der häufigsten Ursachen für Pflegebedürftigkeit im Alter. Auch wenn nur etwa fünf Prozent der von Demenz betroffenen Menschen in Alten- bzw. Pflegeheimen untergebracht sind, so bilden sie doch eine besondere Problemgruppe. Sie waren entweder alleinstehend oder mußten sich aufgrund der aufwendigen Pflege in stationäre Betreuung begeben. Das Pflegepersonal, die Angehörigen und auch die geistig klaren Bewohner wissen oft nicht, wie sie die durch die Demenz entstandenen »Umgangsprobleme« bewältigen sollen.

Erleben und Bewältigen einer schweren Krankheit wie der Demenz bedeutet eine besondere Problematik für den Betroffenen, aber auch für seine Umgebung. Bei Dementen finden sich häufig Bewältigungsversuche, die mit Verhaltens- und Erlebnisauffälligkeiten einhergehen, die von anderen teilweise falsch verstanden bzw. eingeschätzt werden. Auch und gerade im stationären Bereich fehlt es noch an psychologischen Untersuchungen und Bewertungen, die über eine Bestandsaufnahme der geistigen Fähigkeiten hinausgehen.

Das vorliegende Buch macht deutlich, daß Umgehen mit hirnleistungsgestörten Menschen heißt, Menschen entgegen zu gehen. Man muß den Dementen so annehmen, wie er ist. Man muß ihm erlauben, sich mit seinen Mitteln auszudrücken, ihn dabei aber ernst nehmen. Er muß spüren, daß man ihn versteht. Auch muß man ihm zu verstehen geben, daß man ihn liebt, so, wie er ist. Einen dementen Menschen zu pflegen bzw. zu betreuen heißt nicht, ihm zu einer Genesung zu verhelfen, sondern ganz einfach: mit ihm und seinen Besonderheiten zu leben. Das gilt für den älteren verwirrten Menschen in der Bundesrepublik Deutschland in gleicher Weise wie in Holland. So sind die Inhalte und Ausführungen der hier vorliegenden Übersetzung des holländischen Buches »Dement: zo gek nog niet« zu begrüßen.

Damit das Leben mit einem hirnleistungsgestörten Menschen sowohl für den Betreuenden und Pflegenden als auch für den Betroffenen größtmögliche Lebensqualität bei diesem schweren Leiden bietet, bedarf es einiger Kenntnisse und Erfahrungen. Für den psychosozialen Bereich bietet dieser Ratgeber eine hervorragenden Einstieg an. Da aufgrund der veränderten Altersstruktur unserer Gesellschaft das Thema Demenz weiter an Aktualität gewinnen wird, wünsche ich ihm den gebührenden Erfolg, denn nur bei Kenntnis im Umgang mit diesem Krankheitsbild werden wir die Demenz-Problematik in Zukunft quantitativ und qualitativ bewältigen können.

Prof. Dr. med. Ingo Füsgen
Lehrstuhl für Geriatrie der
Universität Witten/Herdecke

Zu diesem Buch

Information

Obwohl das Buch vor allem älteren Menschen in Altersheimen beim Umgang mit ihren geistig verwirrten älteren Mitbewohnern helfen sollte (siehe S. 142), hat sich gezeigt, daß sich ein viel breiteres Publikum dafür interessiert.* Nicht nur Familienangehörige und Pflegepersonal greifen danach, sondern auch Alzheimer-Kranke im Beginnstadium ihres Krankheitsprozesses und ältere Menschen, die Angst davor haben, dement zu werden. Nicht selten ist dieses Buch, das von einem besorgten Familienmitglied »versehentlich« an einer vertrauten Stelle im Wohnzimmer »vergessen« wurde, der Anlaß für ein gemeinsames Gespräch über die Sorgen, die sich jeder für sich macht. Das ist erfreulich. Mit Demenz kann schließlich jeder konfrontiert werden, als Patient, als Familienmitglied oder als Freund. Jeder kann nun selbst entscheiden, ob er sich über diese Krankheit und über das, was dann auf ihn zukommt, informieren will.

Psychologische Gesichtspunkte

Selbst entscheiden paßt auch in unsere heutige gesellschaftliche Tendenz der Bewußtwerdung des Einzelnen. Es besteht ein wachsendes Interesse an den psychologischen Seiten von Demenz. Selbstverständlich ist Demenz eine »Hirnleistungsstörung«. Natürlich muß alles versucht werden, um die Ursachen dieser Störung festzustellen. Mit Medikamenten kann Demenz vielleicht verhindert oder zum Stillstand gebracht werden. Aber die Problematik der Alzheimer-Krankheit bzw. der Demenz umfaßt viel mehr als nur diese Aspekte. Demenz dauert lange, sie wendet das Leben eines Menschen in eine Richtung, bei der es kein Zurück mehr gibt, sie dringt brutal in das Leben dieses Menschen ein und bringt außerdem die Familienangehörigen in eine äußerst schwierige Lage.

Zudem stellen sich im Zusammenhang mit Demenz die verschiedensten Fragen in bezug auf mögliches Handeln und mögliche Formen des Umgangs, sowohl in materieller als auch immaterieller Hin-

---

* In den Niederlanden liegt das Buch inzwischen in der dritten Auflage vor.

sicht, und dies nicht nur bei Familienangehörigen, sondern auch bei
ausgebildetem Pflegepersonal in den verschiedensten Pflegesituatio-
nen. Nicht zuletzt stellt sich auch die Frage nach dem Sinn eines Le-
bensabends in der geistigen Umnachtung der Demenz und wie dann
zu handeln wäre. Die heutigen neurobiologischen, medizinischen
und psychologischen Erkenntnisse reichen nicht aus, um diese Fragen im vollem Umfang zu erfassen, geschweige denn sie zu beantworten.

Demenz: ein potentielles Psychotrauma

Im Juni 1995 fand in Schottland eine internationale Tagung zum
Thema »Therapeutisches Arbeiten mit älteren Menschen« statt. Alle
Teilnehmer sind selbst aktiv an der Betreuung älterer Menschen beteiligt, ob es sich nun um Langzeitfolgen von politischer Gewalt, Terror oder Evakuationen im Zweiten Weltkrieg handelte, um Überle-
bende aus Konzentrationslagern, um ältere Inzestgeschädigte oder
um Kriegsveteranen. In allen Fällen ging es um die traumatisieren-
de Folgen dessen, was Menschen in ihrem Leben erlebt hatten.

Jeder von uns weiß in etwa, was ein traumatisches Ereignis ist. Es
ist eine Situation, in der man ganz auf sich selbst angewiesen ist; in
einem solchen Augenblick oder in einer solchen Situationen kann
man sich auf nichts und auf niemanden verlassen. Psychologisch gesehen passiert etwas Vergleichbares, wenn man dement wird. All-
mählich verschwindet die Kontinuität aus dem Leben, und es entsteht ein Gefühl der Heimatlosigkeit, da man langsam in eine neue
Situation des Getrenntseins und der Entfremdung gerät. Jeder
Mensch mit fortschreitender Demenz kämpft auf seine Weise gegen
diesen Terror seiner (Geistes-)Krankheit, aber er kämpft vergebens.

Deshalb müssen bei der Pflege und Versorgung die Erhaltung des
Selbstwertgefühls, der Vertrautheit und der Sicherheit im Mittelpunkt stehen.

Man kann Demenz demnach mit einem chronischen Gehirntrauma
vergleichen, das bei dem betroffenen Menschen potentiell zu einem
Psychotrauma führt oder ein altes Psychotrauma reaktiviert. Es er-

öffnen sich daher interessante Möglichkeiten für die Frühdiagnostizierung von Demenz, wenn man posttraumatische Streßstörungen als Ansatzpunkt nimmt. Wenn wir Menschen mit fortschreitender Demenz bei ihren Versuchen, dieses Trauma zu verarbeiten, nicht ernst nehmen, nehmen wir ihnen bereits das Leben, während sie noch im Begriff sind, langsam ihren Verstand zu verlieren. Eine solche (bildlich zu verstehende) »Enthauptung« ist tödlich und demnach ethisch falsch.

Dr. Bère Miesen
Pijnacker/Warmond

Einleitung: Verbindendes und Trennendes

Miteinander verbunden

Eine Familie zu sein, führt in der Regel zu einem starken Gefühl der Verbundenheit zwischen Menschen. Das heißt, es gibt ein mehr oder weniger stabiles Band, das sich im Laufe der Zeit entwickelt und gefestigt hat. Wenn jemand dement wird, d. h. seine geistigen Fähigkeiten verliert, wird auf sehr unterschiedliche Weise immer auch dieses Band belastet. Die betroffene Person wird ohne eigenes Verschulden durch ihre Krankheit von den Menschen getrennt, die ihr nahestehen. Und nur selten kann sie das selbst deutlich in Worte fassen. Andererseits werden auch die Angehörigen gewissermaßen dazu gezwungen, langsam von einem geliebten Menschen Abschied zu nehmen, obwohl er noch lebt. Oft wohnt der Lebensgefährte einer dementen Person mit im gleichen Heim.

Das Fortschreiten der Krankheit bedeutet für alle Beteiligten – für den geistig verwirrten alten Menschen selbst, aber auch für seine Angehörigen –, daß sich das Band, das ein Leben lang zwischen ihnen bestand, langsam zu lösen droht.

Ein neues Band

Wenn die Personen, die einen geistig verwirrten alten Menschen pflegen, nicht zur Familie gehören, kann das Fehlen eines solchen gewachsenen Bandes, das im Lebenslauf verankert ist, von Vorteil sein. Das Pflegepersonal kann auf diese Weise mehr oder weniger unvoreingenommen Wissen über und Erfahrungen mit dementen Menschen sammeln, ohne daß es gleichzeitig jemanden verliert, an dem man hängt. Pflegepersonal hat also nichts zu verlieren, es kann eigentlich nur etwas dabei gewinnen. Ein neues Band, eine neue Beziehung, kann entstehen. Natürlich kann auch dies wieder zu einem Gefühl des Verlustes führen, zum Beispiel wenn ein Bewohner, der zunächst noch »in Ordnung« war, immer mehr geistig abbaut. Dazu kommt noch, daß der Altersunterschied zwischen den beiden beteiligten Parteien in der Regel groß ist. Das Pflegepersonal bezieht den Verlust der geistigen Fähigkeiten meist (noch) nicht auf sich selbst.

Es kann höchstens sein, daß in dieser Form der Tod der eigenen Eltern oder Großeltern näherrückt.

Unter einem Dach

Nicht alle Bewohner eines Alters- oder Pflegeheimes haben Hirnleistungsstörungen. Im allgemeinen sind sie auch keine Familienangehörigen ihrer geistig verwirrten Mitbewohner, es sei denn, es handelt sich um ihre Lebensgefährten. Es war nie die Absicht, alte Menschen ihren Lebensabend in der direkten Umgebung dementer Altersgenossen verbringen zu lassen. Dennoch nimmt die Zahl der geistig verwirrten älteren Menschen, die in einem Alters- oder Pflegeheim leben, immer noch zu.

Für gesunde Menschen bedeutet die direkte Nähe dementer Mitbewohner gezwungenermaßen und in mehrfacher Hinsicht eine Konfrontation. Das Verhalten von Menschen mit Hirnleistungsstörungen kann hinderlich und manchmal anstößig sein, vor allem in Gesellschaft oder wenn man mit etwas anderem beschäftigt ist. Sie verhalten sich oft auch so merkwürdig und unverständlich, daß es einen ängstigen kann. Selbst wenn man akzeptiert hat, daß man einmal sterben wird, erwartet niemand ein solches Lebensende.

Sind wir intolerant?

Es liegt auf der Hand, daß es Sie als Bewohner eines Altersheimes*
nicht gerade danach drängt, dementen Menschen zu begegnen bzw.
sich auch noch um sie zu kümmern. Zeitweise regnet es bei der Leitung des Heimes geradezu Beschwerden über deren störendes Verhalten. Geistig verwirrte Menschen werden – auch bei Gemeinschaftätigkeiten – oft gemieden, übrigens in den meisten Fällen völlig unbewußt. Es ist verständlich, daß sich in einem durchschnittlichen Altersheim die Toleranz im Hinblick auf das Verhalten eines geistig verwirrten Heimbewohners in Grenzen hält.

Es wird auch in den kommenden Jahren keine ausreichenden Möglichkeiten geben, demente Menschen – und sei es auch nur zeitweise

---

* Das Buch wurde ursprünglich für Mitbewohner im Altersheim geschrieben (siehe auch S. 142).

außerhalb des häuslichen Kreises zu versorgen. Dies hat zwei Dinge zur Folge. Wenn Sie bereits in einem Altersheim wohnen und irgendwann geistig abbauen, kann man Sie nicht mehr einfach irgendwo anders hinbringen. (In den Niederlanden sind Alters- und Pflegeheime getrennte Einrichtungen. In Deutschland gibt es vorwiegend gemischte Heime mit einem Anteil von etwa 40 Prozent Altersheim- und etwa 60 Prozent Pflegeheimbewohnern.) Aber dies bedeutet andererseits auch, daß man einen Ihrer Mitbewohner, der dement wird, auch nicht schnell irgendwo anders unterbringen kann. Man muß sogar davon ausgehen, daß immer mehr geistig verwirrte Menschen länger im Altersheim bleiben müssen. Mit allen Konsequenzen, die das mit sich bringt, wie etwa Angst, Unverständnis und Intoleranz. Und die Bewohner, die nicht dement sind, werden den dementen Mitbewohnern immer aus dem Weg gehen. An anderer Stelle in diesem Buch wird darauf hingewiesen, daß demente Menschen gerade dadurch zu wenig von der Aufmerksamkeit bekommen, die sie eigentlich so sehr bräuchten.

Information hilft

Wenn Schulung und Information über Demenz Mittel sind, um professionellem Pflegepersonal mehr Wissen, mehr Verständnis und größere Fertigkeiten zu vermitteln, weshalb informiert man dann nicht auch die Bewohner eines Altersheims? Da demente Menschen ja auch außerhalb der Arbeitszeit des Pflegepersonals demente Mitbewohner bleiben, nützen Informationen über Demenz vor allem ihnen selbst. Das Gleiche gilt selbstverständlich auch für Familien, die geistig verwirrte Angehörige zu Hause pflegen.

Um mehr Verständnis zu wecken, müssen die Informationen meiner Erfahrung nach vor allem in das einführen, was den dementen Menschen bewegt und treibt. Es handelt sich dabei um Wissen, das die Erlebniswelt von Menschen mit Hirnleistungsstörungen erhellen und ihr gerecht werden kann. Es müssen Informationen sein, mit Hilfe derer Sie sich vorstellen können, was in einer dementen Person und in ihren Angehörigen vorgeht. Es müssen Kenntnisse sein, durch die persönliche Antworten möglich werden, zum Beispiel auf die Frage: »Wie kann ich mich am besten einem geistig verwirrten Mitbewohner gegenüber verhalten, nicht nur in seinem, sondern auch in meinem eigenen Interesse?«

Hinzu kommt noch, daß diese Informationen und Kenntnisse am besten aufgenommen werden, wenn man sie in einem Rahmen anbietet, innerhalb dessen die verschiedensten Gesichtspunkte dieser Problematik miteinander verbunden werden.

Deshalb behandeln wir in den verschiedenen Kapiteln dieses Buches unter anderem die folgenden Aspekte:

- Wieviele Menschen sind dement und wo wohnen sie? (S. 20 f.)
- Was ist Demenz? Wie stellt man sie fest? Kann man sie behandeln? (S. 27 ff.)
- Wie funktioniert das Gedächtnis bei Menschen mit Hirnleistungsstörungen? Was sind die Folgen von Gedächtnisstörungen? Wie kann man damit umgehen? (S. 50 ff.)
- Wie reagiert die demente Person selbst auf das, was mit ihr geschieht? (S. 86 ff.)
- Was bedeutet es für die Angehörigen, dies mitmachen zu müssen? (S. 116 ff.)

Wenn ich das gewußt hätte!

≡ **Meinungen zu Alter und Demenz**

Meinungsbildung und Kontakt

Bevor wir uns in das Verhalten geistig verwirrter Menschen vertiefen können, müssen wir uns erst einmal die Meinung genauer ansehen, die wir uns darüber gebildet haben. Denn wir machen uns ja Vorstellungen, bilden uns Meinungen darüber, wie bestimmte Menschen sind oder was wir von ihnen halten. So haben wir eine Meinung über Asylanten, Politiker, Filmstars, Popmusiker, Ausländer, uneheliche Mütter usw. Jeder von uns kennt Menschen oder Gruppen von Menschen, über die wir eine Meinung haben. So haben wir uns auch eine Meinung über die verschiedenen Generationen und die Bewohner eines Altersheimes gebildet und uns eine Vorstellung davon gemacht.

Bezeichnend für diese »Meinungsbildung« ist, daß die Meinung nicht immer mit der Wirklichkeit übereinstimmt. Was wir von einer bestimmten Gruppe von Menschen halten, gilt nicht ohne weiteres auch für all ihre einzelnen Mitglieder. Im Grunde hat »Meinungsbildung« etwas mit dem Kontakt zu tun, den wir mit denjenigen haben, von denen wir uns eine Vorstellung machen bzw. über die wir uns eine Meinung bilden. Je weniger Kontakt es dabei gibt, desto mehr Phantasie braucht man dazu.

Meinungen über das Alter

Über das Alter im allgemeinen gibt es natürlich auch Meinungen. Diese können auf verschiedene Arten sichtbar gemacht werden. Eine bekannte Möglichkeit ist zum Beispiel, Kinder in der Schule alte Menschen zeichnen zu lassen. Eine andere Möglichkeit, die offenbart, ist zu untersuchen, welche Eigenschaften alte Menschen in Märchen haben. Eine dritte Möglichkeit, mit der man die herrschenden Meinungen über das Alter sichtbar machen kann, ist die, einige Prozentsätze schätzen zu lassen. Zum Beispiel:

1. Wieviele Deutsche sind zur Zeit älter als 60?
2. Wieviele davon wohnen zur Zeit in einem Alters- oder Pflegeheim?
3. Wieviele davon leben noch so gut wie selbständig, jedenfalls so selbständig, daß sie kaum auf Hilfe angewiesen sind?

Zu 1. Wieviele Deutsche sind zur Zeit über 60? Fast niemand weiß es genau. Wer es nicht weiß, muß raten oder schätzen. Und gerade das ist im Zusammenhang mit der Meinungsbildung interessant, über die wir gerade sprechen. Was meinen Sie?

Zur Zeit sind ... Prozent der deutschen Bevölkerung älter als 60.

Zu 2. Wieviel Prozent aller Menschen über 60 wohnen zur Zeit in einem Alters- oder Pflegeheim (mit Ausnahme von Krankenhäusern, betreutem Wohnen oder Seniorenwohnungen usw.). Wer es nicht genau weiß, muß wieder schätzen. Was meinen Sie?

Zur Zeit leben ... Prozent der Deutschen über 60 in einem Alters- oder Pflegeheim.

Zu 3. Wieviel Prozent aller Menschen über 60 leben zur Zeit so selbständig, daß sie so gut wie keine Hilfe brauchen? Was meinen Sie?

Zur Zeit leben ... Prozent aller Deutschen über 60 so gut wie selbständig.

Solche Fragen und die Antworten darauf verschaffen nur einen sehr allgemeinen Einblick in die Meinungen über das Alter. Das Bild, das entsteht, ist wenig differenziert. Die vielen Nuancen, die es gibt, bleiben auf diese Weise unsichtbar und außer Betracht.

Die verschiedenen Schätzungen

Sie können nun Ihre Antworten auf die oben gestellten Fragen mit den Antworten vergleichen, die in den meisten Fällen von einer x-beliebigen Gruppe von Menschen gegeben werden. Ich gehe dabei von den Erfahrungen aus, die ich in den vergangenen Jahren bei den Schulungen über Demenz in Pflegeheimen und andernorts gemacht habe. Die Antworten sind sehr verschieden.

- Bei der ersten Frage *Wieviele Personen sind zur Zeit über 60?* liegen die Antworten zwischen achtzig und zwanzig Prozent. Im Durchschnitt schätzt man ungefähr 40 Prozent.
- Die Antwort auf die zweite Frage *Wieviele Menschen über 60 wohnen zur Zeit in einem Altersheim?* weist meist eine Bandbreite von neunzig bis fünf Prozent auf. Im Durchschnitt schätzt man etwas über fünfzig Prozent.
- Die Antworten auf die dritte Frage *Wieviele Menschen über 60 leben zur Zeit so selbständig, daß sie kaum Hilfe brauchen?* schwanken in der Regel zwischen zehn und neunzig Prozent. Im Durchschnitt schätzt man etwas unter fünfzig Prozent.

Auch die Antworten, die Sie gegeben haben, werden wahrscheinlich zwischen den beiden Extremen liegen. Ohne die richtigen Antworten auf die drei Fragen zu kennen, ist bereits deutlich geworden, daß das Bild, das man im allgemeinen vom Alter hat, sehr unterschiedlich ist.

Ein unrealistisches, ungünstiges Bild

Wie lauten nun in etwa die richtigen Antworten auf die drei oben gestellten Fragen? Vergleichen Sie auch Ihre eigenen Antworten damit.

Zur Zeit sind ungefähr 21 Prozent der deutschen Bevölkerung älter als 60 Jahre. Davon wohnen fast sieben Prozent in einem Alters- oder Pflegeheim und fast 50 Prozent wohnen so gut wie selbständig, ohne nennenswerte Hilfe zu bekommen.

Vergleicht man nun die richtigen Antworten mit den genannten Durchschnittswerten, so entsteht ein merkwürdiges Bild vom Alter. Es zeigt sich, daß im allgemeinen sowohl die Zahl der Menschen über 60 als auch die Zahl derer, die in einem Alters- oder Pflegeheim leben, stark überschätzt wird. Und die Zahl der Menschen über 60, die so gut wie selbständig leben, wird stark unterschätzt.

Insgesamt kann man also sagen, daß man zur Zeit nicht nur sehr unterschiedlich, sondern auch sehr ungünstig über das Alter denkt. Es herrscht die Meinung, daß es viele Menschen über 60 gibt und daß ihr Leben nicht gerade rosig ist. Oder anders gesagt: Man glaubt, die meisten alten Leute wohnen in Altersheimen, aber manche schaffen es auch, selbständig und ohne die Hilfe von anderen auszukommen.

Selbst alte Menschen

Dieser Meinung sind auch alte Menschen und zwar vor allem diejenigen, die selbst in einem Altersheim oder in dessen Nähe wohnen. Es scheint, als hätten alte Menschen die Meinung der heutigen Gesellschaft über das Alter übernommen.

Ich erinnere mich an eine alleinstehende alte Dame, die an einem Projekt »Betreutes Wohnen« teilnahm. Als sie hörte, daß weniger als sieben Prozent aller alten Menschen in einem Altersheim wohnen, war sie sehr erleichtert. Sie schloß daraus, daß es offensichtlich kaum Argumente dafür gab, in das angrenzende Altersheim umzuziehen, wenn sie das nicht selbst wollte. Bis zu diesem Zeitpunkt lebte sie in dem Glauben, daß ihre Wohnsituation eine Ausnahme sei und daß sie auf lange Sicht umziehen müsse.

Vergreisung und Überalterung

Wenn Sie Menschen fragen, was mit den Begriffen »Vergreisung« und »Überalterung« gemeint ist, erhalten Sie sehr verschiedene und oft auch falsche Antworten. In den meisten Fällen ist die vorhandene Information nicht ausreichend oder sogar falsch.

Die Begriffe »Vergreisung« und »Überalterung« hängen mit dem sich ändernden altersmäßigen Aufbau der Bevölkerung zusammen. Vergreisung und Überalterung heißt, daß man annimmt, daß die Zahl der Menschen über 60 in der Bevölkerung steigt, während gleichzeitig die Zahl der jungen Menschen abnimmt oder gleich bleibt. Man sagt dann zum Beispiel voraus, daß in den nächsten 25 Jahren Personen über 60 einen noch größeren Teil der Bevölkerung ausmachen. Vor allem wird eine starke Zunahme in der Gruppe der Personen über 80 Jahre erwartet. Diese Zunahme kann auch, wenn auch in weniger starkem Maße, bei der Gruppe der Personen zwischen 60 und 80 festgestellt werden. Anders gesagt, innerhalb der Gruppe von Menschen über 60 erwartet man vor allem einen starken Zuwachs bei sehr alten Mitbürgern.

Meinungen über Demenz

Menschen haben nicht nur eine bestimmte Meinung über das Alter, sondern auch über Demenz. Fast jeder versteht darunter etwas anderes. Manche denken dabei vor allem an den Ernst der Symptome. Andere wiederum nennen hauptsächlich die auffallendsten Störungen, wie etwa Verwirrtheit oder Vergeßlichkeit. Manche sind der Meinung, daß erst ausführliche Untersuchungen durchgeführt werden müßten, bevor man von Demenz sprechen könne und wieder andere bringen den Namen dieser Krankheit kaum über die Lippen.

Unsere vierte und letzte Frage in diesem Kapitel über die Meinungsbildung lautet: *Wieviele Menschen über 60 leiden zur Zeit an Demenz?* Was meinen Sie?

> *Zur Zeit leiden ungefähr … Prozent aller Deutschen über 60 an Demenz.*

Der geschätzte Prozentsatz liegt zwischen eins und achtzig. Im Durchschnitt schätzt man um die 25 Prozent.

Manche Leute denken, daß jeder ältere Mensch dement ist, andere glauben, daß es kaum demente Menschen gibt. Tatsache ist, daß auch die Wissenschaftler nicht einer Meinung sind. Aus verschiedenen Gründen ist es schwierig, genau festzustellen, wieviele Menschen zur Zeit in unserem Land an Demenz leiden. Die Schätzungen reichen von 150 000 bis 1,3 Millionen Betroffenen, je nachdem ob nur schwere oder auch mittelschwere und milde Demenzfälle mitgezählt werden. Im allgemeinen geht man davon aus, daß es sich um etwa 800 000 Personen handelt. Das wären also nicht einmal fünf Prozent aller Menschen über 60 Jahre. Verglichen mit dem Mittelwert von 25 Prozent wird die Zahl der dementen Menschen demnach stark überschätzt.

Zu Unrecht trostlose Aussichten

Diese Überschätzung vervollständigt die bereits genannte negative Vorstellung vom Alter und das verbreitete trostlose Bild, daß es viele alte Menschen gebe, daß die meisten von ihnen in Altersheimen wohnten und nur wenige es ohne fremde Hilfe schafften und daß viele Menschen über 60 geistig verwirrt seien!

Das Gegenteil ist richtig: Es gibt nicht so viele alte Menschen (21 Prozent der deutschen Bevölkerung). Nur wenige von ihnen leben in einem Altersheim (sieben Prozent). Die meisten können sich gut selbst versorgen (fast 50 Prozent). Nur eine Minderheit ist dement (etwa fünf Prozent)! Die ersten Symptome treten bei einem Großteil dieser fünf Prozent übrigens erst nach dem achtzigsten Lebensjahr in Erscheinung.

Die Wirklichkeit sieht besser aus

Im Gegensatz zu dem negativen Bild, das vom Alter vorherrscht, ist die Wirklichkeit positiver. Mit anderen Worten: das Alter, das sich beim einen früher und beim anderen später meldet, stellt sich besser dar, als man im allgemeinen glaubt. Vergleichen Sie das nur einmal mit Ihrer eigenen Situation. Oder denken Sie einmal an die älteren Menschen, die in Spanien »überwintern«, die ein Studium beginnen oder wieder aufnehmen, die ehrenamtliche Tätigkeiten übernehmen und sich unentgeltlich für ihre Mitmenschen einsetzen.

Woher kommt es nur, daß dieses Bild vom Alter, diese Perspektive für viele so trostlos ist? Im Grunde geht es hier um eine allgemeine Frage, nämlich um die Frage *Was beeinflußt die Meinungsbildung über alte Menschen?*

☰ Einflüsse auf die Meinungsbildung

Meinungsbildung ist subjektiv. Vorurteile und Gefühle spielen dabei eine große Rolle. Auf Seite 16 haben wir gesagt, daß Meinungsbildung mit dem Kontakt zusammenhängt, den wir mit denjenigen haben, über die wir uns eine Meinung bilden. Auch die Meinungsbildung über das Alter wird von unserem Kontakt mit älteren Menschen beeinflußt. Wenn Sie Ihre eigenen Schätzungen mit den tatsächlichen Zahlen vergleichen, stellen Sie sehr wahrscheinlich Unterschiede fest, und zwar Unter- oder Überschätzungen. Dafür gibt es einige Gründe. Alte Menschen glauben übrigens oft, daß andere alte Menschen viel älter seien als sie selbst.

Außer dem eigenen Alter können wir mindestens vier auf der Hand liegende Umstände für die Meinungsbildung nennen. Diese Gründe haben etwas mit Informationen, Wohnumgebung, Familie und Arbeit zu tun.

Informationen

Zunächst einmal spielen die Informationen eine Rolle, mit denen wir bei jeder passenden und unpassenden Gelegenheit konfrontiert werden. Damit meine ich vor allem die von den Medien vermittelten Informationen – also Zeitungen, Zeitschriften, Rundfunk und Fernsehen. Nicht alle Journalisten sind immer gut und genau informiert. Außerdem finden viele die Sensation im Aktuellen oft wichtiger als den Hintergrund des Geschehens. So kann es sein, daß der Leser, Zuhörer oder Zuschauer ein falsches Bild von der Sache bekommt. Schlechte Nachrichten über Mißstände in Pflege- und Altersheimen tragen zweifellos zu dem Bild bei, das man von den alten Menschen hat, die darin wohnen. Ganz abgesehen von den Begriffen »Vergreisung« und »Überalterung«, die häufig, aber nicht immer eindeutig und oft sogar falsch verwendet werden.

In den Fällen, in denen die Meinungsbildung von den Medien beeinflußt wird, entsteht leicht ein Teufelskreis. Durch negative Berichte über alte Menschen – zum Beispiel auch über ihre angeblichen Charakterzüge, ihren vermeintlichen Gesundheitszustand oder ihre Einstellungen – wird die bereits bestehende negative Meinung bestätigt oder sogar noch verstärkt. Das Alter wird weniger positiv dargestellt, als es wirklich ist.

Wohnumfeld

Nicht nur Informationen, sondern auch die Umgebung trägt zur Meinungsbildung bei. Es macht schon viel aus, ob man zufällig in einer Umgebung wohnt, in der es nur junge Familien gibt, oder in einem »überalterten Viertel«. Wenn Sie nur noch mit alten Menschen umgehen, weil Sie zum Beispiel in einem Altersheim wohnen und dort wenig Gelegenheit haben, jüngere Menschen kennenzulernen, neigen Sie eher dazu, die Zahl der Menschen über 60 zu überschätzen. Wer in einer Gegend wohnt, in der es keine Altersheime gibt und wo man beim Einkaufen in den Geschäften kaum einem alten Menschen begegnet, glaubt wahrscheinlich auch, daß es nur wenige alte Menschen gibt.

Familie

Nicht nur Informationen und die Wohnumgebung haben Einfluß auf die Meinungsbildung über das Alter. Auch die Familie spielt eine große Rolle. Wichtig ist dabei zum Beispiel das Alter von Brüdern oder Schwestern, Eltern, Großeltern, Onkeln und Tanten, deren körperlicher und geistiger Gesundheitszustand und die Art, wie sie damit umgehen oder umgingen, der Umfang und die Intensität des Kontakts, den man mit diesen Menschen hat bzw. hatte, ob sie nett oder lästig waren, ihre Persönlichkeit, ihr Einfluß und ihre Ausstrahlung. Es ist schwierig, genau anzugeben, welchen Einfluß all diese Aspekte im Zusammenhang mit der Familie auf die Meinungsbildung über das Alter ausüben. Es steht aber fest, daß Menschen als Erklärung für ihr Bild vom Alter den Einfluß der Familie nennen. Wenn Sie früher als Kind oft Ihren Großvater besuchten, der vital und nett war, haben Sie eine andere Vorstellung vom Alter als jemand, dessen Eltern schon früh auf die Hilfe anderer angewiesen waren oder die nicht mit der Zeit gingen.

Arbeit

Schließlich wird auch noch die Arbeit als Einfluß auf die Meinungsbildung über das Alter genannt. Wer bereits vor seiner Pensionierung viel mit älteren Menschen zu tun hatte, denkt eher, daß es viele alte Menschen gibt. Es macht viel aus, ob man einen älteren Menschen als weisen Führer und Mentor oder als einen ausrangierten Arbeitnehmer erlebt, der nur noch seine Zeit absitzt. Für junges Personal in Altersheimen ist der Einfluß der Arbeit auf die Meinungsbildung über das Alter besonders stark. Wenn sie nur mit geistig verwirrten alten Menschen gearbeitet haben, zum Beispiel in einem Pflegeheim, glauben sie schnell, daß viele alte Menschen dement sind. Wenn jemand aufgrund seiner Arbeit niemals einem alten Menschen – und schon gar keinem dementen – begegnet, liegt es auf der Hand, daß er ihre Anzahl unterschätzt.

Meinungsbildung mit diesem Buch

Ohne die Korrektur unserer meist negativen Vorstellungen von Alter und Demenz wird es in unserer Gesellschaft nie eine Meinung über das Alter geben können, die sich auf Tatsachen gründet. Ohne diese Korrektur können wir uns, ob wir nun jung oder alt sind, auch niemals eine realistische oder positive Vorstellung von unserer eigenen letzten Lebensphase machen. Menschen können schwer mit Freude das Alter erwarten, solange sie eine negative Vorstellung davon haben. Kennt man aber Tatsachen und genauen Zahlen, so werden falsche Vorstellungen korrigiert, und nicht nur das.

Dadurch, daß wir die Fakten kennen, schaffen wir auch gewissermaßen eine gemeinsame Basis. Wenn man weiß, wieviele demente Personen es gibt, wird das Wissen über die Erlebniswelt von Menschen mit Hirnleistungsstörungen nicht mehr auf die falschen Personen oder in falschen Situationen angewandt. Ein korrigiertes, richtiges Bild über die Zahl verwirrter älterer Menschen verhindert, daß Sie das, was Sie in diesem Buch über Demenz erfahren, vielleicht auf sich selbst beziehen. Dement wird nur ein kleiner Teil der Menschen über 60 und dann sind es meistens noch die ältesten unter ihnen. Informationen über Demenz, wie sie unter anderem in diesem Buch gegeben werden, brauchen also einem positiveren Bild über das Alter nicht im Wege zu stehen.

≡ ## Demenz im Altersheim

Zahlen

Zum Schluß noch einige Worte über das Vorkommen von Demenz im Altersheim. Wenn man Menschen bittet, die Anzahl der bestehenden Pflegeheime zu schätzen und die Anzahl der Betten für demente Menschen in diesen Pflegeheimen, dann denken die meisten, daß es viele sind. Ende 1992 gab es in Deutschland etwa 8200 Alteneinrichtungen mit circa 345 000 Altenpflegeheimplätzen, von denen zwischen 40 und 50 Prozent mit verwirrten Bewohnern belegt sind. Dies bedeutet, daß erzeit 85 Prozent der Menschen mit Demenz zu Hause von ihren Angehörigen gepflegt werden. Nur zehn Prozent werden in Einrichtungen der stationären Altenhilfe, vorwiegend Pflegeheimen, betreut und nur 1,3 Prozent sind auf Sonderkrankenhäuser, meist psychiatrische Einrichtungen, angewiesen. Die meisten an Demenz Erkrankten wohnen demnach gar nicht in einem Alters- oder Pflegeheim. Im Grunde gibt es also viel zu wenig Betten und viel zu wenig Aufnahmemöglichkeiten. Wir lassen dabei die Möglichkeit der ambulanten Tagesbetreuung außer Betracht.

Ob die Anzahl der Pflegeheimbetten erhöht werden muß oder nicht und ob jeder geistig verwirrte ältere Mensch unbedingt in ein Pflegeheim aufgenommen werden muß, steht hier nicht zur Debatte. Es gibt außerdem verschiedene Ursachen und Gründe, die den Zeitpunkt der Aufnahme in ein Pflegeheim mit bestimmten. Im allgemeinen spielt dabei auch die Belastbarkeit der Familienangehörigen in Kombination mit dem Ernst der Störungen eine Rolle.

Probleme

Aus dem oben Gesagten läßt sich leicht ableiten, daß Sie, wenn Sie einmal in einem Altersheim wohnen und dort geistig abbauen, nicht mehr so schnell irgendwo anders untergebracht werden können. Es bedeutet auch, daß rüstige Mitbewohner in einem Altersheim in immer stärkerem Maße mit verwirrten Altersgenossen konfrontiert werden. Es ist dann auch nicht verwunderlich, daß es Altersheime gibt, in denen manche alte Menschen für Probleme sorgen.

Lösungsansätze

Viele Altersheime versuchen, diese Probleme mit »Gruppenbetreuung« in allen möglichen Variationen zu lösen. Dabei wird auf unterschiedliche Art und Weise auf verwirrte ältere Menschen eingegangen. Anstatt sie lange allein in ihrem Zimmer zu lassen, werden sie den größten Teil des Tages gewissermaßen »im Familienkreis« betreut. Eine andere Art, die Probleme anzugehen ist, die rüstigen Mitbewohner eines Altersheimes über Demenz zu informieren. In diesem Fall kümmert man sich um diejenigen, die – mehr oder weniger freiwillig – ihre Wohnung und ihr Leben mit dementen Menschen teilen müssen.

Im folgenden Kapitel fassen wir systematisch zusammen, was genau über Demenz bekannt ist. Wir versuchen, Antworten auf Fragen zu geben wie »Was genau ist Demenz?«, »Wie stellt man Demenz fest?« und »Kann man etwas gegen Demenz tun?«.

Was genau ist Demenz?

In diesem Kapitel werden wir die Verhaltensweisen näher betrachten, die im allgemeinen bei Demenz an den Tag treten. Wir nennen dies die Symptome. Danach erläutern wir, daß man diese Symptome unter verschiedenen Gesichtspunkten betrachten kann. Und dann werden wir sehen, daß die Symptome wiederum verschiedene Ursachen haben können. Wenn wir diese Themen besprochen haben, können wir uns der Frage zuwenden: Wann handelt es sich bei diesen Symptomen um Demenz?

Wenn einmal festgestellt ist, daß es sich um Demenz handelt, werden wir sehen, daß es mehrere verschiedene Arten von Demenz gibt, die kurz beschrieben werden. Im darauf folgenden Abschnitt besprechen wir dann die möglichen Ursachen von Demenz. Betrachtet man die Folgen von Demenz für die betroffene Person selbst, dann zeigt sich, daß man mit geistig verwirrten Menschen auf verschiedene Arten umzugehen pflegt. Und es gibt ebensoviele Versuche, das Wohlbefinden des dementen Menschen positiv zu beeinflussen.

Ein Beispiel

Das Ehepaar Jansen wohnt schon seit Jahren im Altersheim, im ersten Stock, Zimmer 321. Frau Jansen wird immer vergeßlicher. Zur Zeit erzählt sie eine phantastische Geschichte nach der anderen, wenn jemand sie fragt, wo sie gewesen ist. Seit einigen Monaten ist sie ziemlich unruhig. Das »Sitzfleisch« von früher, sagt ihr Mann, habe sie nicht mehr. Sie sieht manchmal Dinge, die es gar nicht gibt. Und manchmal sucht sie nicht nur ihren Mann, sondern auch ihre Eltern, obwohl ihre Eltern doch schon vor langer Zeit gestorben sind.

Jedem, der schon einmal mit verwirrten älteren Menschen zu tun hatte, wird das Verhalten von Frau Jansen bekannt vorkommen. Aber Demenz ist bei niemandem gleich. Vielleicht kennen Sie demente Menschen, die sich anders oder noch viel eigenartiger verhalten.

Ist das Demenz?

Es ist natürlich merkwürdig, wie Frau Jansen sich verhält. So verhält sich kein normaler Mensch. Es ist überdeutlich, daß etwas nicht stimmt. Früher hätten wir wahrscheinlich gesagt, daß sie »kindisch« wird oder »verkalkt«. Zur Zeit sagt man schneller »senil« oder »dement«. Mit einer solchen Bezeichnung muß man allerdings sehr vorsichtig sein. Es sind vor allem Außenstehende, die schnell ein Urteil über Menschen wie Frau Jansen fällen, wenn sich zeigt, daß sie ihre fünf Sinne nicht mehr beieinander haben. Manche Mitbewohner im Altersheim spüren dabei Mitleid, andere fühlen sich schuldig. Dem einen geht es auf die Nerven, der nächste fühlt sich machtlos. Und wieder andere bekommen Angst.

Die Frage, die uns nun in diesem Kapitel beschäftigt, lautet: Was ist eigentlich Demenz? Oder: wann dürfen wir sagen, daß es sich bei der Erkrankung von Frau Jansen um Demenz handelt?

≡ Demenz: Symptome, Folgen und Reaktionen

Bevor wir in diesem Kapitel weiter darauf eingehen, möchten wir zunächst einmal feststellen, wie Demenz am besten zu definieren ist. Wir beziehen uns dabei auf den heutigen Erkenntnisstand der Wissenschaft. In diesem Kapitel werden wir diese Definition einige Male wiederholen und jedesmal einen anderen Aspekt davon verdeutlichen. Die Definition lautet kurzgefaßt folgendermaßen:

> **Man spricht von Demenz, wenn die Verhaltensstörung auf bestimmte dauerhafte (Gewebe-)Veränderungen im Gehirn zurückzuführen ist. Angegriffenes bzw. abgestorbenes Gehirngewebe kann nach unseren heutigen Erkenntnissen grundsätzlich nicht ersetzt werden.**

Das Verhalten dementer Menschen kann übrigens nicht ausschließlich durch die Fehlfunktion des Gehirns erklärt werden. Dazu sind zusätzliche Informationen erforderlich, zum Beispiel muß man den

Lebenslauf und die Persönlichkeit eines Menschen kennen. Darauf möchten wir hier nur hinweisen. Daß ein dementer Mann immer zu bestimmten Tageszeiten unruhig wird, ist besser zu verstehen, wenn man weiß, daß er früher Bauer war und zu bestimmten festen Tageszeiten seine Kühe melken mußte. Die Probleme, die eine demente Frau im Umgang mit ihren männlichen Mitbewohnern hat, sind vielleicht besser verständlich, wenn man weiß, daß sie unverheiratet war, ein zurückgezogenes Leben führte und schüchtern ist.

Aber kehren wir zu Frau Jansen zurück. Gehen wir einmal davon aus, daß festgestellt werden kann, daß ihr merkwürdiges Verhalten tatsächlich auf dauerhafte Veränderungen in ihrem Gehirn zurückzuführen ist. Auch dann können wir ihr Verhalten besser verstehen, wenn wir mehr über ihr Leben wissen; darüber, was für ein Mensch sie früher gewesen ist und welchen Einflüssen sie in ihrem Leben ausgesetzt war.

Nicht nur Symptome, sondern auch Herz und Verstand

In fast jedem Lehrbuch und jeder Studie über Demenz finden wir mehr oder weniger die gleiche Übersicht über die Symptome, die bei Demenz auftreten können. Es handelt sich immer um Störungen des Gedächtnisses, des Handelns, des Erkennens von Gegenständen, der Intelligenz, des Auffassungsvermögens, der Kontinenz, des Lesens, Rechnens und Schreibens, des Sprachgebrauchs und der persönlichen Hygiene. Aber es treten auch Probleme auf dem Gebiet von Aktivität und äußerer Erscheinung auf sowie Orientierungsschwierigkeiten, Verwirrung, Phantasien und Wahnvorstellungen. Und darüber hinaus werden noch Mißtrauen, Aggression, Unruhe, Stimmungsschwankungen und Traurigkeit genannt.

Wir haben all diese Symptome hier nicht in der üblichen Reihenfolge wiedergegeben, sondern sie absichtlich in drei Gruppen unterteilt, über die man als eine Art Titel die Fragen stellen könnte: *Was passiert genau? Wie reagiert man? Wie fühlt man sich?*

– In der ersten Gruppe (von »Gedächtnis« bis »persönliche Hygiene«) werden die eigentlichen Störungen genannt. Wir nennen sie deshalb der Einfachheit halber *Symptome*.

– Die zweite Gruppe (von »Aktivität« bis »Wahnvorstellungen«) bezieht sich vor allem auf die Art, in der geistig verwirrte ältere Menschen auf diese Symptome reagieren können. Diese Beobachtungen nennen wir hier *Folgen*.

– Die dritte Gruppe (von »Mißtrauen« bis »Traurigkeit«) bezieht sich vor allem auf das, was der verwirrte Mensch fühlt. Wir bezeichnen diese Erscheinungen deshalb als *affektive bzw. emotionale Reaktionen*.

Wenn Sie das Verhalten dementer Menschen in Ihrer eigenen Umgebung oder aus eigener Erfahrung nicht genauso in dieser Aufzählung wiederfinden, kann das meiste aber wahrscheinlich davon abgeleitet werden, zum Beispiel: den Weg nach Hause nicht finden, Tag und Nacht verwechseln, ständig hinter jemandem herlaufen, ängstlich sein und schreien.

Das Irreführende an den Aufzählungen in den Lehrbüchern ist, daß es scheint, als hätten all diese Störungen nichts miteinander zu tun. Nichts ist weniger wahr. Die genannten Störungen sind nicht von einander zu trennen, im Gegenteil, sie hängen gerade oft miteinander zusammen. In welcher Weise sie zusammenhängen, kann übrigens von Person zu Person sehr verschieden sein. Dieser Zusammenhang läßt sich vor allem dann besser verstehen, wenn man die Störungen in Symptome, deren Folgen und die affektiven Reaktionen darauf unterteilt.

Beispiele für Zusammenhänge

Im Anfangsstadium der Demenz können Gedächtnisstörungen zum Beispiel Angst und Orientierungsschwierigkeiten zur Folge haben. Wenn in einem späteren Stadium neben dem Gedächtnis auch noch das Auffassungsvermögen nachläßt, kann dies zu Mißtrauen, zu Traurigkeit und zu Gehirngespinsten führen. Und wenn dann neben den Störungen des Gedächtnisses und der Auffassungsgabe auch noch die Fähigkeit verlorengeht, Sprache zu verstehen und zu sprechen, kann dies in einem noch späteren Stadium zum Beispiel zu Verwahrlosungserscheinungen, Aggression, Unruhe und Verwirrtheit führen.

Natürlich ist der Zusammenhang nicht immer der gleiche wie in diesen Beispielen. Wir haben diese Beispiele nur genannt, um Ihnen zu zeigen, daß die Symptome so gut wie immer sowohl Folgen haben als auch zu affektiven Reaktionen führen.

Mit ihrem ganzen Wesen

Aus Erfahrung wissen wir, daß demente Menschen stark auf die Veränderungen reagieren, die sich an und in ihnen vollziehen. Man könnte fast sagen mit Leib und Seele, mit Haut und Haaren – mit ihrem ganzen Wesen.

Im vierten Kapitel werden wir uns vor allem mit den Folgen beschäftigen. Zum Beispiel, warum geistig verwirrte ältere Menschen besser über früher als über heute erzählen können. Im fünften Kapitel behandeln wir vor allem die affektiven Reaktionen. Zum Beispiel wie es kommt, daß demente Menschen manchmal denken, daß ihre Eltern noch leben, obwohl sie schon lange gestorben sind.

Bevor wir zwei Aspekte der Symptome bei Demenz besprechen, möchten wir in diesem Rahmen noch einige Anmerkungen machen und dabei die oben gegebene Definition von Demenz wiederholen.

Verhalten und Gefühle lassen sich nicht trennen

Es ist wichtig zu bedenken, daß im Laufe der Zeit eine Verschiebung von den Folgen in Richtung affektive Reaktionen stattfindet. Anfangs reagiert Frau Jansen mehr mit ihrem Verstand als mit ihrem Gefühl. Später reagiert sie mehr gefühls- als verstandesmäßig. Es zeigt sich, daß im Laufe der Zeit Verhalten und Gefühle von geistig verwirrten älteren Menschen immer näher zueinanderrücken. Man kann aus dem, was Frau Jansen tut oder sagt, ableiten, wie sie sich fühlt. Verhalten und Gefühle von dementen Menschen sind auf die Dauer fast austauschbar.

Unterschiedliche Symptome

Wir möchten hier noch einmal – vielleicht überflüssigerweise – darauf hinweisen, daß es natürlich ebenso viele Kombinationen von Symptomen gibt wie demente Menschen. Zudem gibt es oft Unterschiede, was den Ernst der Symptome angeht. Außerdem ist das Tempo, in dem der geistige Verfall fortschreitet, nicht bei jedem gleich.

Wie oben bereits gesagt, kann von Demenz gesprochen werden, wenn das Verhalten auf bestimmten dauerhaften (Gewebe-)Veränderungen im Gehirn beruht.

Verschiedene Gesichtspunkte

Gehen wir einmal davon aus, daß es Ihnen aufgefallen ist, daß eine gute Bekannte, in unserem Fall ist das Frau Jansen, in letzter Zeit ziemlich vergeßlich, unruhig und leicht aggressiv geworden ist. Sie streitet sich mit jedem, auch wenn man sich bemüht, jeden Streit zu vermeiden und nett zu ihr zu sein.

Grundsätzlich können zwei Arten von Fragen über ihr Verhalten gestellt werden. Erstens: Wodurch wird es verursacht? Und zweitens: Wie geht es weiter? Dies sind zwei völlig verschiedene Gesichtspunkte. Da wir hier über Demenz sprechen, bezieht sich die erste Frage auf das Interesse am Zusammenhang zwischen dem Verhalten und dem Geisteszustand von Frau Jansen. Die zweite Frage bezieht sich auf die Auswirkungen, die das Verhalten von Frau Jansen auf sie selbst, auf ihre Angehörigen und auf ihre Umgebung hat.

Fachleute nennen die erste Frage den neurologischen, also medizinischen Gesichtspunkt der Demenz. Die zweite Frage wird von einem psychosozialen Blickpunkt aus gestellt. Beide Gesichtspunkte sind notwendig, beide sind losgelöst, isoliert von einander nicht denkbar.

In den späteren Kapiteln werden wir ausführlich auf den zweiten Gesichtspunkt eingehen – auf den Effekt, den Demenz auf die Person selbst und auf ihre Umgebung, vor allem aber auf ihre Angehörigen hat. Zunächst wollen wir uns aber weiter mit dem medizinischen Aspekt der Demenz befassen.

≡ Mögliche andere Ursachen für die Symptome

Kehren wir zu unserer vergeßlichen, unruhigen und leicht aggressiven Frau Jansen zurück. Oder zu Ihrer guten Bekannten, die wahrscheinlich eine ganz andere Kombination von Symptomen hat. Das spielt für das, was wir jetzt beschreiben, keine Rolle.

Wenn man die auf Seite 28 angeführte Definition von Demenz zugrundelegt, ist folgende Vorgehensweise angebracht: Bevor man feststellen kann, ob das Verhalten auf dauerhaften (Gewebe-)Veränderungen im Gehirn beruht, muß die betreffende Person sehr gründlich untersucht werden. Es muß nämlich zuerst untersucht werden, ob das Verhalten nicht vielleicht auf körperlichen, sozialen und psychischen Veränderungen beruht oder auf Ursachen, die nichts mit (Gewebe-)Veränderungen im Gehirn zu tun haben. Die Diagnose Demenz kann erst dann gestellt werden, wenn andere Ursachen für das Verhalten ausgeschlossen sind.

Auf den nächsten Seiten finden Sie eine Übersicht über die Ursachen, die ausgeschlossen werden müssen. Danach gehen wir näher darauf ein, wie untersucht werden kann, ob Frau Jansen an Demenz leidet.

Körperliche Veränderungen und ihre Folgen

Körperliche Veränderungen findet man am häufigsten (in Klammern steht jeweils ein Beispiel) 1. an den Sinnesorganen (Schwerhörigkeit), 2. im Kreislauf (Herzrhythmusstörungen), 3. im Stoffwechsel (Zuckerkrankheit), 4. bei der Sauerstoffzufuhr (Lungenentzündung), 5. im Nervensystem (Schlaganfall), 6. am Bewegungsapparat (Lähmung), 7. in Form von Infektionen (Harnwegsinfektion), 8. Neubildungen (Gehirntumor) oder 9. Vergiftungserscheinungen (durch Medikamente).

Wir haben bereits oben eine ganze Reihe von Störungen genannt, die bei geistig verwirrten älteren Menschen vorkommen können. Wir haben sie dort in drei Gruppen unterteilt, um deutlich zu machen, wie die demente Person auf die Veränderungen reagiert, die sich an und in ihr vollziehen. Diese drei Gruppen waren die Symptome, die Folgen und die affektiven Reaktionen.

Wir wollen hier einige Beispiele von Störungen nennen, die zwar auch bei Demenz, aber in diesem Fall als Folge körperlicher Veränderungen auftreten können. Wir beschränken uns der Übersichtlichkeit halber dabei auf ein paar Gebiete, nämlich auf die Sinnesorgane, das Nervensystem und Vergiftungserscheinungen. Es ist nicht schwer, sich vorzustellen, daß Schwerhörigkeit beispielsweise zu Orientierungsproblemen, nachlassender Auffassungsgabe und zu Mißtrauen führt. Ein Schlaganfall kann Sprachstörungen, Probleme bei bestimmten Handlungen sowie Aggressivität zur Folge haben. Und übermäßiger oder unsachgemäßer Gebrauch bestimmter Medikamente kann Verwirrtheit, Wahnvorstellungen und Teilnahmslosigkeit hervorrufen.

Mit anderen Worten, bevor wir die Störungen, die sich bei Frau Jansen zeigen – Orientierungsprobleme, Aggression und Unruhe – auf Demenz zurückführen, werden wir zunächst einmal ihre Sinnesorgane, ihr Nervensystem und ihren Medikamentengebrauch einer eingehenden Untersuchung unterwerfen.

Veränderung von Kontakten und ihre Folgen

Nicht nur körperliche Veränderungen können Störungen verursachen, wie sie auch bei Demenz vorkommen. Im Laufe der Jahre kann sich auch viel im Kontakt mit anderen Menschen ändern und das nicht immer zum Guten. Man kann folgende Bereiche unterscheiden: 1. Verlust von Rollen, wie etwa ehrenamtliche Tätigkeiten oder Vereinsarbeit, die Sorge für jemanden oder die eigene Arbeit aufgeben müssen; 2. Diskriminierung aufgrund des Alters, zum Beispiel aufgrund des Alters abgewiesen oder für ungeeignet befunden zu werden; 3. fehlende Kontakte, zum Beispiel durch Verlust von Angehörigen, Freunden, Nachbarn; 4. geänderte Wohnverhältnisse, durch einen Umzug oder so viele Neubauten, daß die eigene Umgebung nicht mehr wiedererkannt wird.

Natürlich gibt es Beispiele von Störungen, die auch bei Demenz auftreten, die aber die Folge von sozialen Veränderungen sind. Wenn jemand ein wichtiges Amt im Vereinsleben niederlegen muß, kann dies zu Resignation und starken Stimmungsschwankungen führen. Man kann sich gut vorstellen, daß der Verlust von lieben Freunden einen Menschen so stark trifft, daß er zerstreut und vergeßlich wird und er sich selbst vernachlässigt.

Es ist auch denkbar, daß zum Beispiel nach einem Umzug Orientierungsprobleme entstehen. Ganz zu schweigen von der Trauer, die sich unter solchen Umständen einstellen kann. In den meisten Fällen war man doch mehr oder weniger stark mit dem verbunden, das man zurückgelassen hat, zum Beispiel mit Nachbarn und Freunden und mit der vertrauten Umgebung.

Auch in diesen Fällen muß, bevor man der Demenz die Schuld an Orientierungsproblemen, Stimmungsschwankungen, Zerstreutheit und Traurigkeit zuschreibt, sorgfältig untersucht werden, ob es sich nicht vielleicht um Rollenverlust, den Verlust von Freunden oder um die Folgen eines Umzugs handelt.

Veränderungen in der Person selbst und ihre Folgen

Außer körperlichen und sozialen Veränderungen können beim Älterwerden auch psychische Veränderungen auftreten. Es kann sich tief im Menschen selbst etwas verändern. Ein Mensch kann vereinsamen, sich selbst vernachlässigen, wenn er den Partner verloren hat, oder durch Unsicherheit und Leid ein weniger positives Selbstbild entwickeln. Es gibt auch Persönlichkeitsmerkmale, durch die man in einer bestimmten Weise mit Einsamkeit umgeht; und nicht zu vergessen das Altern selbst, durch das alles langsamer geht. Dies sind nur einige Beispiele. Wir wollen damit nur einen Eindruck von den Veränderungen geben, die sich möglicherweise auf diesem Gebiet einstellen. Auch hier wieder einige Beispiele von Störungen, die wir bei der Demenz gleichfalls sehen, die aber in diesem Fall als Folge psychischer Veränderungen auftreten können.

Es ist möglich, daß jemand vom Verlust seines Partners so sehr getroffen wird, daß er sich ganz in sich zurückzieht. Das führt unter Umständen dazu, daß Vorstellungen (z. B. Wahn- und Zwangsvorstellungen) zu lange bestehen bleiben oder eine chronische Selbstvernachlässigung auftritt. Wenn man nicht mit Alleinsein umgehen kann, kann einen das noch viel einsamer machen. Manche Menschen werden dann mißtrauisch oder beginnen an einer Form von Verfolgungswahn zu leiden. Das Langsamerwerden etwa führt zu ungenauen Einschätzungen von Abläufen oder zu Problemen mit schwierigeren Handlungen.

Das heißt mit anderen Worten, daß wir den Einfluß untersuchen müssen, den Verlustverarbeitung, Selbstbild und Altern auf die Person haben, bevor wir der Demenz die Schuld an den Störungen geben, die bei Frau Jansen auftreten.

≡ Wann ist jemand dement?

Der Kern der folgenden Erklärung hängt mit dem oben Gesagten zusammen. Man darf erst daran denken, daß das Verhalten von Frau Jansen etwas mit Demenz zu tun hat oder durch Demenz verursacht wird, wenn der Einfluß aller bisher genannten Veränderungen ausgeschlossen werden kann. Jedenfalls soweit diese übersehbar oder feststellbar sind. Wenn die Störungen, die bei Frau Jansen auftreten, nicht auf diese Ursachen zurückzuführen sind, liegen wahrscheinlich dauerhafte (Gewebe-)Veränderungen im Gehirn vor.

Mit anderen Worten: solange keine individuelle Untersuchung nach dem Einfluß körperlicher, sozialer und psychischer Veränderungen auf das Verhalten stattgefunden hat, kann die Diagnose Demenz nicht gestellt werden. Ein Team von Fachkräften, und zwar von Spezialisten der verschiedenen Fachgebiete, muß Frau Jansen unter die Lupe nehmen. Es muß mindestens eine medizinische, eine soziologische und eine psychologische Untersuchung stattfinden. Und die Ergebnisse müssen gemeinsam beurteilt werden.

Führt man die Untersuchung auf diese Weise durch, so gibt es im großen und ganzen vier Möglichkeiten, um zur Diagnose Demenz zu gelangen. Ausgangspunkt bleibt die Frage, was die Ursache für das merkwürdige Verhalten von Frau Jansen oder Ihrer guten Bekannten ist. Die Beispiele sind fiktiv und können willkürlich durch andere Beispiele ersetzt werden. Wichtig ist uns hier vor allem die Argumentation, die dahinter steckt.

Trotz ärztlicher Behandlung

Nehmen wir einmal an, daß auf sozialem und psychischem Gebiet keine Ursachen für das merkwürdige Verhalten gefunden werden konnten. Nehmen wir weiter an, daß der Arzt auf medizinischem Gebiet etwas festgestellt hat, zum Beispiel verstopfte Gehörgänge, Herzrhythmusstörungen und eine Harnwegsinfektion. In diesem Fall dürfen wir erst dann vorsichtig an Demenz denken, wenn sich das Verhalten nach der Behandlung dieser körperlichen Beeinträchtigungen nicht ändert, also nach dem Ausspülen der Ohren und nach der medikamentösen Behandlung des Herzens und der Harnwegsinfektion.

Trotz sozialer Hilfe

Nehmen wir einmal an, daß auf medizinischem und psychischem Gebiet keine Ursachen für das merkwürdige Verhalten gefunden werden konnten. Nehmen wir weiter an, daß auf sozialem Gebiet etwas festgestellt wurde, zum Beispiel Vereinsamung und Kontaktverluste nach einem Umzug. Man könnte sich vorstellen, daß Frau Jansen umziehen wollte, und zwar von Wetzlar nach Konstanz, weil sie ihre letzten Lebensjahre in der Nähe ihrer noch lebenden Familienangehörigen verbringen wollte. Das erwies sich als Fehler. Ihre Familienangehörigen kümmern sich kaum um sie, und sie vermißt ihre Nachbarn. Sie war doch stärker mit Wetzlar verbunden als sie gedacht hatte. Wir dürfen erst dann vorsichtig an Demenz denken, wenn sich ihr Verhalten auch nach der Hilfe bei ihren sozialen Problemen nicht geändert hat. Zum Beispiel, wenn sie nach Wetzlar zurückgezogen ist oder nachdem sie Unterstützung beim Knüpfen neuer Kontakte erhalten hat.

Trotz psychologischer Begleitung

Nehmen wir einmal an, daß auf medizinischem und sozialem Gebiet keine Ursachen für das merkwürdige Verhalten von Frau Jansen gefunden werden konnten. Nehmen wir weiter an, daß auf psychischem Gebiet etwas festgestellt wurde, zum Beispiel Selbstvernachlässigung nach dem plötzlichen Tod ihres Mannes oder Unsicherheit und Angst durch ein negatives Selbstbild. Man könnte sagen, daß sie leicht depressiv wirkt.

In diesem dritten Fall dürfen wir erst dann vorsichtig an Demenz denken, wenn sich ihr Verhalten auch nach psychologischer Begleitung, eventuell in Kombination mit vom Arzt verschriebenen Medikamenten, nicht geändert hat – zum Beispiel nach einer individuellen Trauertherapie und einer Behandlung mit einem Antidepressivum.

Die vierte Möglichkeit, daß das Verhalten von Frau Jansen aller Wahrscheinlichkeit nach auf Demenz zurückzuführen ist, liegt nahe, wenn von Anfang an weder körperliche noch soziale noch psychische Veränderungen als Erklärung für ihre Verhaltensstörungen gefunden wurden.

So einfach ist es nicht

Die multidisziplinäre Untersuchung, die wir gerade skizziert haben und die auch als »Screening« bezeichnet wird, ist in der Praxis gar nicht so einfach. Ein Grund dafür ist zum Beispiel, daß bei der körperlichen Untersuchung verschiedene Ärzte beteiligt sein können, etwa ein Internist, ein Neurologe und ein Urologe. Nur selten sind all diese Funktionen in einer Person vereint, in der des Geriaters.

Grundsätzlich kann eine derartige Untersuchung ambulant durchgeführt werden. In den meisten Fällen geschieht dies aber in einem Krankenhaus. Nicht jedes Untersuchungsteam ist identisch ausgebildet, und nicht jedes Team arbeitet nach der gleichen Methode. Es gibt regionale Unterschiede. In den Großstädten finden sich an den Krankenhäusern »Gedächtnissprechstunden« beziehungsweise »Memory-Kliniken«, die wir in ländlichen Gegenden vermissen.

Aber all das ist von untergeordneter Bedeutung, so lange die Untersuchung auf Demenz multidisziplinär angelegt ist.

Jeder fünfte Patient ist nicht dement

Von jeweils fünf Menschen, bei denen der Verdacht auf Demenz besteht, ist einer – vor allem bei einer möglichst frühzeitigen Untersuchung – nicht dement. Man könnte deshalb sagen, daß es – vor allem unter bestimmten Umständen – der Mühe wert ist, sich untersuchen zu lassen. Werden in einem solchen Fall behandelbare Ursachen für das merkwürdige Verhalten gefunden, das auf Demenz hinweist, etwa eine Depression oder krankhafte Veränderungen der Schilddrüse, so kann man diese behandeln. Wir möchten jedoch bereits an dieser Stelle betonen, daß Demenz selbst nicht behandelt werden kann.

Eine auf sorgfältige Weise festgestellte Demenz geht nicht mehr vorbei. Auf die Dauer verschlimmert sie sich nur. Jedenfalls ist das der heutige Stand der Dinge. Übrigens sind sich die Fachleute darüber einig, daß Demenz eine »Wahrscheinlichkeitsdiagnose« ist. Das heißt, daß erst nach dem Tod einer dementen Person durch eine Untersuchung ihres Gehirngewebes mit absoluter Sicherheit festgestellt werden kann, daß die Diagnose Demenz richtig war. Erst dann kann wirklich festgestellt werden, daß die Veränderungen im Gehirn, die man vorher nur angenommen hatte, tatsächlich vorhanden waren.

Auf die Ursachen der Veränderungen im Gehirn, die bei Demenz auftreten, werden wir am Ende dieses Kapitels näher eingehen. Dort werden wir dann auch über die verschiedenen Behandlungsweisen sprechen, die man anwendet, um die unangenehmen Folgen für die Person selbst so gut wie möglich in den Griff zu bekommen.

≡   ## Arten von Demenz

Wir nehmen den Faden unserer Geschichte an dem Punkt wieder auf, an dem wir gefragt haben, wie die Diagnose Demenz gestellt wird. Wir haben gesehen, wie Fachleute untersuchen, ob es sich eventuell um Demenz handelt. Wenn sich aus einer solchen Untersuchung ergibt, daß Frau Jansen dement ist, oder anders gesagt, daß ihr Verhalten wahrscheinlich auf unumkehrbare Veränderungen in ihrem Gehirn zurückzuführen ist, ist der Fall noch nicht erledigt.

Wie Ihnen vielleicht schon aufgefallen ist, haben wir die Alzheimer-Krankheit noch immer nicht erwähnt, obwohl wir bereits sehr viel über Demenz gesagt haben. Das liegt daran, daß die Alzheimer-Krankheit nur ein Teil der Geschichte über Demenz ist. Es gibt nämlich verschiedene Arten von Demenz. Die Alzheimer-Krankheit ist eine davon. Diese Krankheit gehört zu den sogenannten primären Demenzen. Daneben gibt es auch noch sekundäre Demenzen.

Primäre Demenzen

Als primäre Demenzen bezeichnet man unumkehrbare Veränderungen im Gehirn, die zeitlich vor eventuellen anderen körperlichen Veränderungen entstanden sind, oder unumkehrbare Veränderungen im Gehirn, ohne daß es körperliche Veränderungen an anderen Stellen des Körpers gibt. In der Praxis kommt letzteres vor allem bei »jüngeren älteren« Menschen vor, wenn der Abbau der geistigen Fähigkeiten sehr früh beginnt. Gerade im Falle eines so großen und komplizierten Organs, wie es unser Gehirn ist, können unumkehrbare Veränderungen natürlich unterschiedlichster Art sein.

Verschiedene primäre Demenzen

Wenn sie noch viele weitere Fakten und Beobachtungen in ihr Urteil über die Wahrscheinlichkeit von Gehirnveränderungen miteinbeziehen, können die Fachleute auch noch mehr darüber sagen, zum Beispiel um welche Art Demenz es sich handelt. Worauf achten sie dabei?

Sie können den zeitlichen Verlauf der Symptome verfolgen. Sie können darauf achten, welche Symptome auftreten und in welcher Kombination sie erscheinen. Wichtig ist die Stelle im Gehirn, an der es zu Veränderungen kommt und von Bedeutung ist auch, welche Veränderungen eintreten. In den meisten Fällen wird genau untersucht, ob noch andere, sogenannte neurologische Symptome vorhanden sind. Außerdem spielt beim Urteil der Fachleute das Alter, in dem die Symptome erstmals auftraten, eine Rolle. Und schließlich beziehen sie auch in ihre Überlegungen mit ein, ob in der Familie schon früher Fälle von Demenz vorgekommen sind.

Mehr als die Alzheimer-Krankheit

Je nach den Ergebnissen der Untersuchungen und Wahrnehmungen, die wir im vorhergehenden Abschnitt genannt haben, spricht man in einem Fall von der Alzheimer- und im anderen Fall von der Pick-Krankheit, in wieder anderen Fällen von der Huntington-, der Jakob-Creutzfeldt-, der Schilder-Krankheit usw. Um zu verstehen, was man ganz allgemein mit Alzheimer-Krankheit bezeichnet, reicht die Information aus, daß es sich um Eiweißablagerungen im Gehirngewebe handelt. Ohne allzusehr in die Einzelheiten gehen zu wollen, liegt der Unterschied zwischen der Pick- und der Alzheimer-Krankheit unter anderem in einer unterschiedlichen Kombination und einem unterschiedlichen Verlauf der Symptome, die uns inzwischen bekannt sind, sowie darin, daß die Veränderungen an einer anderen Stelle im Gehirn auftreten. Die Huntington-Krankheit unterscheidet sich auf wieder andere Weise. Dabei spielen vor allem typische neurologische Gehirngewebeveränderungen eine Rolle und die Tatsache, daß diese Krankheit erblich ist.

Es hat sich gezeigt, daß in fast zwei Drittel der Fälle nach einer gründlichen Untersuchung durch Sachverständige die Alzheimer-Krankheit diagnostiziert wird. Das ist also gemeint, wenn man hört oder liest, daß die Alzheimer-Krankheit die häufigste Ursache für Demenz ist.

Sekundäre Demenzen

Von sekundären Demenzen spricht man, wenn die unumkehrbaren (Gewebe-)Veränderungen im Gehirn mehr oder weniger als Folge von anderen körperlichen Veränderungen an anderen Stellen des Körpers entstanden sind und wenn die zuerst entstandenen Veränderungen nicht (mehr) behandelt werden können. So können sich zum Beispiel durch die Parkinson-Krankheit oder nach einem Schlaganfall zu krankhaften Veränderungen der Gehirnstruktur kommen, aber auch bei einer nicht ausreichend behandelten Herzerkrankung oder nach einer Schilddrüsenerkrankung. Diese Gehirnveränderungen mit den entsprechenden Symptomen bezeichnet man dann als sekundäre Demenzen. Gehirnveränderungen bei einer sogenannten Multi-Infarkt-Demenz oder bei einer vaskulären (gefäßbedingten) Demenz nennt man ebenfalls sekundäre Demenzen.

Wir haben oben gesagt, daß man bei einer möglichst frühzeitigen, gründlichen Untersuchung feststellen kann, daß die Störungen nur bei jedem Fünften nicht auf Demenz zurückzuführen sind. Es handelt sich dann um andere Veränderungen, die man heilen oder behandeln kann. Es ist deutlich, daß – wenn man diese nicht rechtzeitig behandelt – auf die Dauer eine sekundäre Demenz entstehen kann.

In der Praxis versuchen die nächsten Angehörigen meist vergebens, die betreffende Person dazu zu bewegen, sich frühzeitig untersuchen zu lassen. Das liegt einerseits daran, daß »der Patient« den Nutzen einer solchen Untersuchung nicht einsieht, denn »ihm fehlt ja nichts«, andererseits ist es auch ganz normal, daß die Umgebung anfangs nicht merkt, daß es sich möglicherweise um Demenz handelt.

Die Unterscheidung in primäre Demenzen (zum Beispiel die Alzheimer-Krankheit, die Pick-Krankheit u. a.) und sekundäre Demenzen (wie zum Beispiel die vaskuläre Demenz) führt bei Außenstehenden häufig zu Problemen. Bewohner eines Altersheims wissen oft nicht, wie sie mit »klaren Momenten« eines Mitbewohners mit Hirnleistungsstörungen umgehen sollen und glauben dann, daß er sie zum Narren hält oder absichtlich hänselt. Das ist aber keineswegs der Fall, wenn die Störungen durch eine vaskuläre (gefäßbedingte) Demenz verursacht werden. Dafür sind nämlich gerade die starken Schwankungen im Verhalten besonders kennzeichnend.

Die Pick-Krankheit kann zum Beispiel bei jemandem in einem Stadium festgestellt werden, in dem die Vergeßlichkeit, die so stark mit der Alzheimer-Krankheit verbunden ist, noch nicht oder kaum in den Vordergrund tritt. Es ist also kein Wunder, daß man nicht glauben kann, daß es sich dennoch um Demenz handelt.

Pseudodemenz

Geht man von den Erkenntnissen und Erfahrungen aus, mit denen man heute feststellen kann, ob jemand an Demenz leidet, dann ist der Begriff »Pseudodemenz« ein altmodischer und veralteter Begriff. Früher meinte man damit, daß man für die Verhaltensstörungen von Frau Jansen die Diagnose »Demenz« stellte, obwohl sie später wieder ganz die Alte wurde. Rückblickend muß daraus geschlossen werden, daß die Untersuchung bei Frau Jansen unzureichend, nicht gründlich genug und nicht vollständig gewesen sein muß. Denn sonst hätte man ja die anderen körperlichen, sozialen und psychischen Ursachen ihrer Symptome entdeckt oder in die Überlegungen beim Stellen der Diagnose mit einbezogen.

Anders gesagt: Wenn der Begriff »Pseudodemenz« fällt, sollte man aufpassen. Die Wahrscheinlichkeit ist groß, daß derjenige, der dieses Wort verwendet, die Symptome von einem veralteten oder einseitigen Gesichtspunkt aus betrachtet. Man unterschätzt in einem solchen Fall eventuelle körperliche Ursachen oder schließt sie sogar aus, ebenso wie eventuelle soziale und psychische Ursachen.

≡   Ursachen von Demenz

Wir wollen zunächst einmal feststellen, an welchem Punkt wir jetzt angekommen sind. Es besteht ein wesentlicher Unterschied zwischen »Ursachen von Symptomen« einerseits und »Ursachen von Demenz« andererseits. Im ersten Fall geht es um die Frage: Handelt es sich bei Frau Jansen tatsächlich um Demenz? Diese Frage kann heute, wie wir bereits gesehen haben, ausgezeichnet mit Hilfe einer individuellen Untersuchung beantwortet werden, die von mehreren Fachleuten durchgeführt wird.

Im zweiten Fall geht es um die Frage: Was ist die Ursache für die Gehirnveränderungen bei all den Menschen, bei denen wie bei Frau Jansen nach einer multidisziplinären Untersuchung die Diagnose »Demenz« gestellt wird? Seit Jahren versucht man, mit Hilfe wissenschaftlicher Forschungen die Antwort auf diese Frage zu finden. Es handelt sich dabei vor allem um Untersuchungen auf dem Gebiet der Neurologie.

Sechs mutmaßliche Ursachen

Was genau verursacht die für die Demenz so typischen Gewebeveränderungen im Gehirn? Grundsätzlich gibt es sechs »Hypothesen« über die Ursachen dieser Gehirngewebeveränderungen. Das heißt, daß die Forscher Vermutungen haben und in sechs Richtungen nach einer Antwort suchen. Dabei handelt es sich um die Vererbung, die Nervenzellen, Botenstoffe, eine schleichende Viruskrankheit, das Abwehrsystem und Vergiftung. Der Vollständigkeit halber wollen wir sie hier kurz erklären.

Genetische Untersuchungen werden durchgeführt, wenn die Vermutung besteht, daß die Gehirngewebeveränderungen bei Demenz vererbt sind. Die Veranlagung zu dieser Krankheit hat man dann schon bei der Geburt mitbekommen. Dies ist zum Beispiel bei der Huntington-Krankheit (einer primären Demenz) der Fall, die stark familiär bedingt ist. Man kann sagen, daß sich diese Forschungsrichtung hauptsächlich auf die Huntington-Krankheit konzentriert.

Durch die *Erforschung von Nervenzellen* will man vor allem heraus-
finden, wodurch die Gehirngewebeveränderungen bei Demenz entstehen. Diese Art Forschung besteht vor allem in der genauen Untersuchung aller Veränderungen, die in den Nervenzellen stattgefunden haben. Dazu braucht man Gehirngewebe. Deshalb kann es vorkommen, daß man die Familie nach dem Tod des Patienten um die
Zustimmung zur Autopsie bittet.

Botenstoffe sind Stoffe, die die Übertragung der Nervensignale zwischen den Zellen bewerkstelligen. Bekannte Stoffe sind Noradrena-
lin und Dopamin. Es gibt auch Forscher, die auf diesem Gebiet nach
einer Antwort auf die Frage suchen, wodurch die Gehirngewebeveränderungen bei Demenz verursacht werden. Bei der schon erwähn-
ten Parkinson-Krankheit, in deren Folge Demenz entstehen kann,
ist es genau diese Signalübertragung, die nicht stimmt. Deshalb ist
dieser Forschungszweig stark auf die Parkinson-Krankheit ausgerichtet.

Außerdem gibt es Wissenschaftler, die von der Annahme ausgehen,
daß die Gehirngewebeveränderungen bei Demenz auf eine *schleichende Viruskrankheit* und einer Störung im Abwehrsystem des Körpers zurückgehen könnten. Diese Annahmen sind sehr aktuell, da
im Endstadium von AIDS manchmal Demenzsymptome auftreten.

Schließlich gibt es noch Wissenschaftler, die untersuchen, ob die Gehirngewebeveränderungen bei Demenz eine Folge von *Vergiftungen*
durch Metalle wie Zink und Aluminium sein können. Dabei handelt
es sich im wesentlichen um die Frage, ob kranke Zellen zuviele Metalle an sich binden oder ob es ein Zuviel an Metallen ist, das die Erkrankung der Zellen herbeiführt.

Gegen Demenz ist kein Kraut gewachsen

Bei einem solch komplizierten Organ wie dem Gehirn ist es eigentlich logisch, daß es keine einfache Lösung gibt. Deshalb ist die Chance, daß man *die* Ursache für Demenz findet, sehr klein – und demnach auch die Möglichkeit, ein Medikament dagegen zu entwickeln.
Bis jetzt gibt es keine Medikamente, mit denen man eine einmal fest-

gestellte Demenz heilen könnte, trotz aller Behauptungen in manchen Werbeanzeigen – und trotz aller Hoffnungen, auch der aller Forscher. Die Forscher erwarten kurzfristig keinen großen Sprung vorwärts. Berichten über spektakuläre Entdeckungen, die Demenz auf eine einzige Ursache zurückführen wollen, sollte man deshalb von vornherein mißtrauen.

Irrtümer

Wenn einer Ihrer Mitbewohner, Ihr Nachbar oder Herr Jansen, Ihnen gegenüber behauptet, seine Frau leide an der Alzheimer-Krankheit, sollten Sie ihn fragen, wann und von wem seine Frau gründlich untersucht worden ist. Wenn er diese Frage nicht beantworten kann, hat er seine Vermutung so gut wie sicher aus dem Rundfunk oder der Zeitung. Und wenn Herr Jansen nur eine leise Vermutung hat, daß seine Frau dement wird und er hört im Fernsehen jemanden behaupten, daß Demenz durch Zinkmangel verursacht wird, dann sitzt Herr Jansen am nächsten Morgen im Sprechzimmer seines Hausarztes und verlangt ein Rezept für Zink. Obwohl es besser wäre, wenn er seinen Arzt bitten würde, seine Frau an ein Team von Fachärzten zu überweisen um herauszufinden, ob es sich bei ihr tatsächlich um Demenz handelt.

Mißverständnisse

Wenn Menschen behaupten, daß Frau Jansen dementer sei als Herr Paulus, weiß jeder, was gemeint ist. Aber sie verwenden das Wort »dement« falsch. Wahrscheinlich meint man, daß Frau Jansen schwerer gestört ist oder mehr Symptome aufweist als Herr Paulus, obwohl es durchaus möglich ist, daß die wenigen Symptome von Herrn Paulus sehr viel und die schweren Symptome von Frau Jansen nichts mit dauerhaften Gehirngewebeveränderungen zu tun haben. Der Begriff »Demenz« sagt im Grunde wenig oder gar nichts über den Ernst der Symptome. Der Begriff »Demenz« ist ein sogenannter diagnostischer Begriff. Seine wichtigste Aufgabe ist es anzugeben, daß ein Zusammenhang zwischen den Symptomen und (bestimmten) Gehirngewebeveränderungen besteht.

≡ Mit den Folgen von Demenz umgehen

Manchmal geht der geistige Verfall rasch vor sich, manchmal dauert er sehr lange. Eine Dauer von zehn Jahren ist keine Ausnahme. Wir sprechen also über eine ziemlich lange Zeit in einem Menschenleben, die man nicht wieder nachholen kann. In der Regel ist dieser Teil des Lebens nicht unproblematisch. Weder für die betroffene Person selbst noch für ihre Angehörigen oder für andere, die ihn aus der Nähe miterleben müssen, wie etwa die Mitbewohner des Altersheims.

Die medizinische Wissenschaft hat uns bis jetzt nicht besonders viel zu bieten. Dies gilt sowohl für ihren Beitrag zur individuellen Untersuchung als auch für die bisher erzielten Ergebnisse wissenschaftlicher Forschung. Das ist zwar bedauerlich, aber leider nicht zu ändern. Vorläufig gibt es noch keine wirksame Therapie gegen Demenz. Deshalb muß neben der medizinischen und der neurobiologischen Forschung auch den Folgen von Demenz für die Betroffenen die nötige Aufmerksamkeit gewidmet werden.

Folgen von Demenz für die Person selbst

Neben der Suche nach den Ursachen von Demenz richtet sich die wissenschaftliche Forschung in zunehmendem Maße auf die Folgen von Demenz für die betroffene Person selbst sowie darauf, wie diese Folgen so erträglich wie möglich gemacht werden können. Im Grunde handelt es sich dabei um eine sehr wichtige Frage, nämlich die: Wie können wir am besten mit der dementen Person umgehen? Wie müssen wir mit Frau Jansen umgehen, damit sie erreichbar bleibt? Wie müssen wir sie ansprechen, damit sie sich dabei wohl fühlt und wir selbst uns auch?

Die Forschung sucht auch für diese Frage in verschiedenen Richtungen nach Antworten. Insgesamt hat man neun Methoden entwickelt. Diese Methoden haben ein gemeinsames Ziel, nämlich das Wohlbefinden der betroffenen Person zu fördern oder zu erhalten:

– das Gedächtnis üben (Gedächtnistraining)
– Gesprächsangebote (Psychotherapie)

- unterstützter Rückblick auf den Lebenslauf (biographisches Arbeiten, »life review«)
- ständige Informationsbeschaffung über die Wirklichkeit (Realitätsorientierungstraining)
- die Erinnerung anregen (Reminiszieren)
- auf die Erlebniswelt eingehen (Validation)
- Musik, Gesang und Tanz anwenden (musische Therapien)
- die Sinnesorgane stimulieren (Sinnesorganaktivierung)
- Festhalten, Berühren, Streicheln, Liebkosen (Zuwendung mit Körperkontakt)

Während die Demenz fortschreitet, kann die Methode wechseln. Nicht jede Methode hat zu jeder Tageszeit und in jedem Stadium der Demenz den gleichen günstigen Effekt. Außerdem ist noch ein weiterer Punkt von Bedeutung, ein Punkt, der für alle Personen wichtig ist, die einen geistig verwirrten älteren Menschen begleiten. Wir müssen nämlich so viel wie möglich über den individuellen Lebenslauf der betroffenen Person Bescheid wissen. Und damit meinen wir nicht nur über die Persönlichkeit und ihre Lebenserfahrungen, sondern auch, was sie gern und weniger gern tut und welche Hobbies sie hat.

Folgen von Demenz für die Angehörigen

Als nicht-dementer Bewohner eines Alterheimes haben Sie manchmal auch Kontakt mit den Angehörigen, dem Lebensgefährten und/oder den Kindern Ihres geistig verwirrten Hausgenossen. Deshalb ist es gut, wenn Sie auch etwas darüber wissen, wie die Angehörigen die Demenz ihres Familienmitgliedes erleben.

Die Angehörigen haben nicht nur zahllose praktische Probleme und Sorgen. Für die Angehörigen bedeutet ein dementer Partner, ein dementer Vater oder Bruder, eine demente Mutter oder Schwester gleichzeitig auch einen Verlust. Die Verarbeitung dieses Verlustes ist eine Aufgabe, die zu all den praktischen Sorgen und Problemen noch hinzukommt. Den einen belastet diese Aufgabe wenig, für den anderen bedeutet sie eine kaum zu ertragende Bürde. Im sechsten Kapitel dieses Buches (S. 116 ff.) werden wir uns deshalb ausführlich den Angehörigen widmen. Oft ist es hilfreich, wenn man die Angehörigen über Demenz informiert. Das Vergrößern ihrer Kenntnisse auf diesem Gebiet kann ihnen helfen, die Belastung, die oft viele Jahre dauert, zu ertragen. In manchen Fällen ist die Begleitung in Gruppen eine gute Lösung. In Gesprächsgruppen, die schon jahrelang in zahlreichen Orten organisiert werden, kann auf die emotionale Verarbeitung des Verlustes eingegangen werden. In einigen wenigen Fällen ist eine individuelle Begleitung und manchmal sogar Psychotherapie erforderlich. Zum Beispiel, wenn bei der Verarbeitung der Demenz des Partners zu viele alte Wunden wieder aufgerissen werden oder wenn starke Schuldgefühle entstehen.

Zum Schluß

Wir wissen jetzt, daß man bei Frau Jansen von Demenz spricht, wenn ihr gestörtes Verhalten auf bestimmte dauerhafte (Gewebe-)Veränderungen im Gehirn zurückzuführen ist. Diese Erkenntnis ist zwar wichtig, doch hilft sie uns keineswegs, in einer befriedigenden Weise mit Frau Jansen umzugehen. Befriedigend für uns als Außenstehende, aber auch befriedigend für Frau Jansen selbst. Bevor wir erfahren, wie wir am besten mit einem geistig verwirrten Menschen umgehen können, müssen wir erst verstehen, was in dieser Person vorgeht.

Gedächtnisstörungen gehören zu den wichtigsten Symptomen, die bei Demenz auftreten und stark in den Vordergrund treten. Wir werden deshalb im nächsten Kapitel das Gedächtnis als Ausgangspunkt nehmen, um die Folgen der Symptome besser zu verstehen und um zu begreifen, was es für einen Menschen bedeutet, dement zu werden. Wer sich vorstellen kann, was in der Erlebniswelt von Frau Jansen vor sich geht, kann besser mit ihr umgehen.

Halt suchen

Erinnern und Vergessen

Wie unser Gedächtnis funktioniert, hängt mit der Art und Weise zusammen, in der Informationen verarbeitet werden und mit den Umständen, unter denen dies geschieht. Diese Informationen gelangen über die Sinnesorgane in unser Gehirn. Das heißt, daß Sie, wie wir noch sehen werden, vergessen können, ohne daß Sie tatsächlich unter Gedächtnisstörungen leiden, die mit Demenz zu tun haben.

In diesem Kapitel wollen wir das Funktionieren des Gedächtnisses mit Hilfe eines Bildes, eines Modells beschreiben. Wir führen dabei eine Reihe von Begriffen ein, wie zum Beispiel »Wahrnehmen«, »Speichern« und »Wiedergeben«. Diese Begriffe ermöglichen es uns, die Folgen bestimmter Gedächtnisstörungen bei dementen Menschen besser zu verstehen. Auf diese Weise wird für uns bis zu einem gewissen Grad verständlich, wie die Erlebniswelt von Frau Jansen als Folge ihrer Vergeßlichkeit aussieht. Wenn Sie sich vorstellen können, was dies für eine demente Person bedeutet, wird es Ihnen besser gelingen, im Umgang mit dem geistig verwirrten älteren Menschen eine positive Haltung zu finden. Sie werden feststellen, daß Ihnen ein solches Modell oder Bild eine große Hilfe und gewissermaßen ein Leitfaden im Umgang mit dementen Menschen sein kann.

Bevor wir uns in das Gedächtnis vertiefen, wollen wir zunächst noch einmal festhalten, was wir uns bis jetzt erarbeitet haben. Das letzte Kapitel hat deutlich gemacht, daß Demenz komplizierter ist, als es auf den ersten Blick scheint. Wir müssen also immer genau definieren, wovon wir sprechen. Es muß immer klar sein, welcher Aspekt von Demenz besprochen wird. Die Frage, die wir uns stellen müssen, lautet also: »An welchem Punkt stehen wir jetzt?«

Drei Aspekte von Demenz

Um diese Frage beantworten zu können, unterscheiden wir in bezug auf Demenz drei verschiedene Aspekte.

– Da ist zunächst einmal der Aspekt »Symptome«, also das Verhalten, das Sie als Außenstehender an einer dementen Person wahrnehmen können. Diese Symptome haben wir, wenn auch nur kurz, bereits beschrieben.
– Dann gibt es den Aspekt »Diagnose«. Wie stellt man fest, ob jemand wirklich an Demenz leidet? Auch dies haben wir im vorhergehenden Kapitel bereits besprochen.
– Als dritter Aspekt sind dann noch die Folgen der Symptome und die affektiven Reaktionen darauf zu nennen.

In diesem Kapitel gehen wir vor allem auf die Folgen des auffallendsten Symptoms, der Vergeßlichkeit, ein. Im fünften Kapitel besprechen wir dann die affektiven Reaktionen darauf. Wir haben schon öfter darauf hingewiesen, daß die demente Person »mit Leib und Seele« auf alles reagiert, was ihr widerfährt. Im folgenden möchten wir an einem Beispiel zeigen, was mit den drei Aspekten gemeint ist.

Schmerzen im Knie

Sie haben nach einem kleinen Unfall mit der Leiter Schmerzen im Knie, die nicht weggehen. Jeder in Ihrer Umgebung gibt seinen Kommentar dazu. Jeder weiß genau, was mit Ihrem Knie los ist und was Sie tun müssen, um die Schmerzen loszuwerden. Durch Schaden klug geworden, gehen Sie schließlich doch zum Hausarzt, zu einem Orthopäden oder zum Physiotherapeuten. Auf jeden Fall lassen Sie das Knie von einem Fachmann untersuchen, denn der Schmerz kann viele Ursachen haben: einen Knochensplitter unter der Kniescheibe, ein Meniskus, der sich regt, einen Bluterguß, eine Bänderzerrung usw. Wie dem auch sei, es wird eine Diagnose über die Schmerzursache gestellt. Nehmen wir einmal an, daß es sich um eine Bänderzerrung handelt und Ihnen eine Behandlung verschrieben wird. Mit ein bißchen Glück sind Sie den Schmerz nach nicht allzu langer Zeit los.

Mehr als die Ursache des Schmerzes

Die Schmerzursache kennen ist nur eine Seite der Medaille. Denn nehmen wir einmal an, daß Ihr Schlafzimmer nicht zu ebener Erde liegt, sondern im ersten Stock. Wie oft müssen Sie im Laufe des

Tages nicht einen Stock höher gehen? Oder nehmen wir einmal an, daß Sie jede Woche zusammen mit ein paar Freundinnen zur Gymnastik gehen. Oder daß Sie sehr gerne spazierengehen und regelmäßig stundenlang mit Ihrem Partner durch Wiesen oder Wälder wandern. Oder daß Sie gerne tanzen. Oder daß Sie möglichst viel körperlich aktiv sind, da Sie sich sonst schnell dick fühlen. Diese Beispiele zeigen deutlich, daß die Folgen der Bänderzerrung nicht nur Ihren Alltag, sondern auch Ihren Gemütszustand stark beeinflussen und verändern. Sie reagieren mit Leib und Seele auf die Knieschmerzen, auch wenn Sie wissen, was die Ursache ist.

Die andere Seite von Demenz

Wenden wir uns nun wieder dem merkwürdigen Verhalten von Frau Jansen zu. Die Symptome feststellen, zum Beispiel ihre Vergeßlichkeit, ist eine Sache. Aber durch Untersuchungen feststellen, ob diese durch Demenz verursacht werden, ist eine andere. Und daß Frau Jansen ihre Vergeßlichkeit mit Leib und Seele erlebt, steht wieder auf einem anderen Blatt. Mit anderen Worten, Frau Jansen muß ihre Vergeßlichkeit auch verarbeiten. Ihre Störungen beeinflussen ihr tägliches Leben und ihren Gemütszustand. Was mit ihr geschehen ist und immer wieder mit ihr geschieht, berührt sie und ihre Existenz im tiefsten Innern. Es beschäftigt sie, und sie beschäftigt sich damit. Vielleicht viel mehr, als wir uns überhaupt vorstellen können.

Bewußtheit

Möglicherweise kennen Sie Frau Jansen nicht sehr gut. Vielleicht gibt sie sich große Mühe, nicht merken zu lassen, was sie selbst schon lange weiß. Vielleicht tut sie, als wäre nichts Besonderes, obwohl es sie von Zeit zu Zeit bis zur Verzweiflung treibt. Vielleicht wird sie jedesmal wieder sehr böse oder sehr traurig, wenn sie feststellt, daß sie vergessen hat, wo sie eigentlich hinwollte. Vielleicht schämt sie sich sogar vor Ihnen. Sie hat also bis zu einem gewissen Grad Einblick in ihre eigene Situation.

Es gibt kaum Argumente für die Behauptung, daß geistig verwirrte ältere Menschen nicht auf das reagierten, was mit ihnen geschieht und überhaupt nicht fühlten, daß sich merkwürdige Dinge ereignen.

Man kann also von einer gewissen Erkenntnis, einer gewissen Bewußtheit sprechen, wie wir sie auch bei Patienten kennen, die wissen bzw. fühlen, daß sie sterben werden. Ob der Patient mehr oder weniger Informationen über das hat, was mit ihm vorgeht, hat in jedem Fall Auswirkungen auf sein Verhalten.

Betrachtet man das Gedächtnis genauer, so erhält man Informationen über das Ausmaß der Bewußtheit bei Menschen, die geistig abbauen. Auf diese Weise werden einem Außenstehenden die Konsequenzen deutlich, die Gedächtnisstörungen haben können.

☰ Ein Modell für das Gedächtnis

Man kann das Gedächtnis auf viele verschiedene Arten, von verschiedenen Hypothesen oder Annahmen ausgehend und mit verschiedenen Bildern erklären. Wir haben hier ein Modell gewählt, das sich in der Praxis im jahrelangen Unterricht bewährt hat. Es öffnet in gewissem Sinn die Augen derjenigen, die nicht gewöhnt waren zu sehen. Es bietet uns eine Ansatzmöglichkeit zu verstehen, was bei Frau Jansen vor sich geht, wenn ihr Gedächtnis nachläßt. Das Modell, das wir hier zur Erklärung des Gedächtnisses verwenden, ist ein einfaches Informationsverarbeitungsmodell.

Informationsaufnahme und Sinnesorgane

Informationen gelangen über die Sinnesorgane in das Gedächtnis. Ein Leben lang dringen alle möglichen Informationen von außen ein. Dies geschieht über das Hören, das Sehen, das Tasten, das Riechen und das Schmecken.

Schließlich können diese Informationen über Milliarden Nervenzellen auch das Gehirn erreichen, das den zentralen Teil des Nervensystems bildet. Wie dies genau vorsichgeht, wollen wir hier nicht beschreiben. Wichtig in diesem Zusammenhang ist vor allem, daß Ihnen bewußt wird, daß die fünf verschiedenen Arten der Informationsaufnahme fünf verschiedene »Reichweiten« haben. Das bedeutet ganz einfach, daß das, was Sie hören, von weiter her kommt als das, was Sie schmecken. Die Distanz, die durch Hören, Sehen usw. bis zum Schmecken überbrückt wird, wird sozusagen immer geringer. Mit anderen Worten, um über Tasten, Riechen und Schmecken Informationen weitergeben zu können, müssen Sie jemandem körperlich näher sein, als wenn Sie ihn über Hören und Sehen erreichen wollen. Hierauf werden wir noch zurückkommen, weil sich später zeigen wird, daß Tasten und Berühren im Umgang mit geistig verwirrten älteren Menschen aus verschiedenen Gründen von wesentlicher Bedeutung ist. Es handelt sich also bei keiner Seite um eine Marotte oder um unnatürliches Verhalten.

Wahrnehmung, Speicherung, Wiedergabe

Nehmen wir einmal an, daß Frau Jansen in der Lage ist, sich daran zu erinnern oder wiederzuerkennen, was sie früher einmal gehört, gesehen, gefühlt, gerochen oder geschmeckt hat. Zum Beispiel an ihrem Hochzeitstag. Sie gibt dann wieder, was sie früher einmal wahrgenommen und in ihrem Gedächtnis gespeichert hat. Sie könnte sich ja nicht an ihren Hochzeitstag erinnern, wenn dieser nie stattgefunden hätte. Sie kann nur dann wiedererkennen, was sie früher einmal gehört, gesehen usw. hat, wenn es in ihrem Gedächtnis aufbewahrt geblieben ist.

Das Gedächtnis, das wir hier nicht als einen Speicher von verschiedensten Informationen betrachten, sondern als einen Informationsverarbeitungsprozeß, arbeitet gewissermaßen in drei Phasen.

Informationen von außen müssen erst einmal einen »Eindruck machen« und diesen im Gedächtnis hinterlassen, bevor sie wieder »ausgedrückt« werden können. Informationen werden also erst wahrgenommen, dann gespeichert und schließlich wiedergegeben. Erst kommt die Wahrnehmung (der Eindruck), dann das Speichern (der Abdruck) und schließlich die Wiedergabe (der Ausdruck).

Haben Sie noch nie etwas vergessen?

Jeder Mensch vergißt manchmal etwas, manchmal mit kleinen und manchmal mit großen Folgen. Wenn wir einmal von eventuellen dramatischen Folgen absehen, machen Sie sich meist mehr Sorgen darüber als nötig ist. Versuchen Sie sich einmal an solch einen dummen Vorfall zu erinnern, bei dem Ihr Gedächtnis Sie im Stich ließ. Wenn ich Sie bitten würde, eine gute Entschuldigung für Ihre Vergeßlichkeit zu nennen, was würden Sie dann antworten?

Gute Entschuldigungen

Im folgenden zählen wir eine ganze Reihe solcher »guter« Entschuldigungen auf, ohne damit vollständig sein zu wollen. Aber die Chance ist groß, daß auch die Entschuldigung darunter ist, die Sie sich ausgedacht haben.

Sie hatten zu viel zu tun. Sie bekamen zu wenig Informationen oder zuviele Informationen gleichzeitig. Sie waren mit Ihren Gedanken bei etwas anderem. Sie wurden abgelenkt. Es ist zu lange her. Es interessierte Sie nicht. Es kam gerade etwas dazwischen – unvorhergesehene Umstände oder ein plötzliches Ereignis. Es machte Ihnen keinen Spaß. Es interessierte Sie nicht. Sie waren zu emotional. Sie waren in Eile. Sie konnten sich keinen Reim daraus machen, und es gab auch keine Hilfsmittel und keine Eselsbrücke, um es sich zu merken. Sie waren unkonzentriert. Sie waren furchtbar müde. Usw., usw.

Individuelle Unterschiede

Diese guten Entschuldigungen kann man als Faktoren sehen, die das Gedächtnis, zumindest den Informationsverarbeitungsprozeß im Gedächtnis, in der einen oder anderen Weise beeinträchtigen. Nicht alle Faktoren beeinflussen das Gedächtnis bei jedem Menschen in der gleichen Weise. Der eine leidet stärker unter einem bestimmten Faktor als der andere. Das ist der Grund dafür, daß – neben den allgemeinen Prozessen, die mehr oder weniger für jeden gelten –, das Ergebnis der Wahrnehmung, Speicherung und Wiedergabe von Informationen bei jedem anders ist. Denn manche Menschen können nun einmal mehr Informationen gleichzeitig verarbeiten als andere. Was für den einen interessant ist, braucht es für den anderen noch lange nicht zu sein. Der eine Mensch leidet stärker unter Müdigkeit als der andere. Der eine konzentriert sich leichter als der andere. Undsoweiter. Wir haben gewissermaßen ein individuelles Gedächtnis.

Bei einem Gedächtnistrainingskurs lernen Sie übrigens, sich vor allem dieser Entschuldigungen, die man auch »externe Faktoren« nennt, bewußt zu werden und sie unter Kontrolle zu bekommen.

Der Einfluß der Entschuldigungen

Diese externen Faktoren, die jede Phase der Informationsverarbeitung beeinflussen können, verursachen im Grunde eine Art Blockade. Sie blockieren das Wahrnehmen, das Speichern oder später das Wiedergeben dessen, was Sie hören, sehen, fühlen, riechen oder schmecken.

Wenn Sie zuviele Informationen gleichzeitig bekommen, zum Beispiel in einem kleinen Raum, in dem eine Menge los ist, blockiert dies so gut wie sicher das Wahrnehmen von Informationen. Wenn Sie müde sind, verläuft das Speichern nicht besonders gut. Wenn Sie auf der Straße jemandem begegnen, dessen Namen Ihnen nicht gleich einfällt, stimmt etwas mit der Wiedergabe der Informationen nicht. Natürlich wissen Sie, wie diese Person heißt, aber ausgerechnet jetzt kommen Sie nicht darauf. Aber es ist sicher, daß der Name dieser Person zu einem früheren Zeitpunkt von Ihnen wahrgenommen und gespeichert wurde.

Es ist bekannt, daß die früheren Wahrnehmungen desto einfacher in der neuen Situation wiedergegeben werden, je mehr die neue Situation der alten ähnelt, in der dieses erste Wahrnehmen stattgefunden hat. Wir wissen auch, daß Informationen, die während dem Wahrnehmen gut verstanden werden, besser gespeichert und später auch besser wiedergegeben werden als solche Informationen, die nur oberflächlich wahrgenommen werden.

☰ Sieben Annahmen in bezug auf das Gedächtnis

Ein einzigartiges Gedächtnis

Jeder Mensch ist anders. Was für den einen gilt, gilt keineswegs oder nicht immer auch für den anderen. Verallgemeinern ist eigentlich nicht erlaubt. Im folgenden werde ich dies trotzdem tun, und zwar um den roten Faden deutlich zu machen, die allgemeinen Grundsätze. Dabei gehen wir von sieben allgemeinen Aussagen im Zusammenhang mit der Informationsverarbeitung aus. Sie können diese sieben Aussagen als Annahmen in bezug auf das Gedächtnis bzw. seine Funktion betrachten. Diese Annahmen verschaffen uns bis zu einem gewissen Grad Einblick in die verschiedenen Verhaltensweisen, die mit Gedächtnisstörungen bei Demenz zusammenhängen. Der Deutlichkeit halber verwenden wir in manchen Fällen quantitative Begriffe (Zahlen). In Wirklichkeit handelt es sich natürlich vor allem um die Qualität der Information.

Zunächst wollen wir diese sieben Annahmen einmal kurz aufzählen. Danach werden wir jede einzelne noch einmal ausführlicher besprechen. Anhand von Beispielen, die wir zu jeder Annahme geben werden, wird sich zeigen, daß sich daraus einige Leitlinien für den Umgang mit dementen Menschen ergeben.

Diese Leitlinien basieren auf Erkenntnissen über die Folgen, die bestimmte Gedächtnisstörungen für den verwirrten älteren Menschen haben. Und genau das beabsichtigt dieses Kapitel. Es will nämlich Hinweise geben, wie man handeln soll; das ist einfacher, wenn man sich vorstellen kann, was sich in einer dementen Person abspielt.

Am Ende dieses Kapitels werden wir alle sieben Annahmen noch einmal wiederholen, aber dann in Verbindung mit den Leitlinien für den Umgang.

Die sieben Annahmen im Überblick

1. Alle Faktoren, die das Wahrnehmen, Speichern und Wiedergeben von Informationen beeinträchtigen können, gelten auch für das (gestörte) Gedächtnis dementer Menschen.
2. Im Laufe der Jahre werden immer weniger neue Wahrnehmungen gespeichert.
3. Mit dem Älterwerden sinkt die Zahl der gespeicherten Wahrnehmungen.
4. Je älter jemand ist, desto weniger Informationen werden gleichzeitig wahrgenommen und gespeichert.
5. Der Prozeß der Wahrnehmung, Speicherung und Wiedergabe läßt sich günstig beeinflussen, wenn dabei verschiedene Sinnesorgane gleichzeitig angesprochen werden.
6. Das Erkennen von gespeicherten Wahrnehmungen ist leichter als deren Reproduktion (Wiedergabe).
7. Diese Vorgänge verlaufen bei jedem Sinnesorgan anders.

Sie geben die gleichen Entschuldigungen ab

Die erste Annahme in bezug auf das Gedächtnis lautet: »Alle Faktoren, die das Wahrnehmen, Speichern und Wiedergeben von Informationen beeinträchtigen können, gelten auch für das (gestörte) Gedächtnis dementer Menschen.«

Der Deutlichkeit halber soll noch einmal betont werden, daß die Erscheinungen, über die manche von Ihnen sich vielleicht Sorgen machen, natürlich nicht die Ursachen für die Demenz sind. Sie sollen verstehen lernen, daß sich auch geistig verwirrte ältere Menschen in der Regel intensiver mit den Dingen beschäftigen, die sie stark interessieren oder die für sie zu einem bestimmten Zeitpunkt wichtig sind. Und daß sie, genau wie Sie selbst auch, abgelenkt werden können, mehr oder weniger konzentriert sein können; daß ihre Gefühle eine Rolle spielen können und anderes mehr. Auch demente Menschen können müde sein oder sich in einer Situation befinden, in der zu viele Informationen gleichzeitig auf sie einstürmen. Im Altersheim geht es an manchen Tagen und vor allem zu manchen Tageszeiten in den Gängen und im Aufenthaltsraum sehr lebhaft zu. Im Altersheim werden demente Menschen genau wie Sie regelmäßig mit fremden Gesichtern konfrontiert. Geistig verwirrte Mitbewohner können genau wie Sie in Gedanken mit vielen anderen Dingen beschäftigt sein oder ständig abgelenkt werden. Ein mildes, liebes Gesicht, das Sie rührt, ein hastiges Angeschnauztwerden und Nörgeln, jemand der Ihnen – vielleicht unbeabsichtigt und unbemerkt – weh getan hat, ein Muttermal an einer ungewöhnlichen Stelle: all das sind Dinge, die auch nichtdementen Menschen auffallen und sie beschäftigen.

Wie kann man darauf Rücksicht nehmen?

Bei dementen Menschen kann das schlechte Gedächtnis zusätzlich durch die genannten Faktoren negativ beeinflußt werden. Dies sollte man sich bewußt machen und darauf Rücksicht nehmen. Wie zum Beispiel? Indem Sie mehr oder weniger in der gleichen Weise handeln, wie Sie selbst behandelt werden möchten.

Zum Beispiel, indem Sie sich mit einem dementen Mitbewohner oder Familienmitglied nicht in unruhige und laute Situationen begeben. Indem Sie Umtrieb und Hektik vermeiden. Indem Sie dafür sorgen, daß Sie positiv auffallen. Indem Sie auf die Interessen Ihrer dementen Mitbewohner Rücksicht nehmen. Indem Sie nicht mit zu vielen Menschen gleichzeitig zu Besuch kommen und indem Sie nicht zu viele Dinge gleichzeitig tun möchten. Indem Sie dafür sorgen, daß möglichst wenig den Betroffenen ablenken kann. Indem Sie Ihr eigenes Tempo verlangsamen, usw. Kurz gesagt, Sie müssen Rücksicht auf die gleichen Entschuldigungen nehmen, die in Ihrem eigenen täglichen Leben eine Rolle spielen. Das ist die erste Leitlinie für den Umgang mit geistig verwirrten älteren Menschen.

Immer weniger Wahrnehmungen werden gespeichert

Die zweite Annahme in bezug auf das Gedächtnis lautet: »Im Laufe der Jahre werden immer weniger neue Wahrnehmungen gespeichert.« (Siehe Abb. 1.)

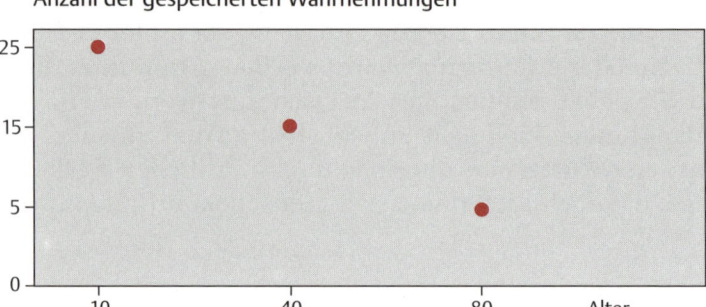

Abb. 1   Immer weniger Wahrnehmungen werden gespeichert.

Wie kann man sich das vorstellen? Inzwischen wissen Sie, daß es sich um Wahrnehmungen der Sinnesorgane handelt. Wahrnehmungen, die durch Hören, Sehen, Fühlen, Riechen und Schmecken zustandekommen. Der Deutlichkeit halber sei noch einmal gesagt, daß das gezeigte Schema nur ein Bild für das ist, was passiert. Es ist nur *eine* Art, die Wirklichkeit wiederzugeben. Auf die Art und Weise, wie dieser Prozeß im Nervensystem und im Gehirn (physiologisch) genau abläuft, wollen wir hier nicht weiter eingehen. Wir lassen hier auch den Einfluß der verschiedenen Faktoren auf das Wahrnehmen, Speichern und Wiedergeben außer Betracht. Darüber haben wir bereits auf Seite 55 f. gesprochen.

Nehmen wir einmal an, daß Sie als zehnjähriges Kind neue Wahrnehmungen machen. Eine solche neue Wahrnehmung wird nicht nur einmal, sondern viele Male gespeichert; nehmen wir einmal an etwa fünfundzwanzigmal. Wenn Sie älter werden, wird eine neue Wahrnehmung wesentlich weniger häufiger gespeichert, zum Beispiel nur noch fünfzehnmal. Und wenn Sie achtzig sind, wird eine neue Wahrnehmung noch weniger oft gespeichert, zum Beispiel nur noch fünfmal. Mit anderen Worten: im Laufe der Jahre werden neue Wahrnehmungen weniger häufig gespeichert.

Wir kehren nun wieder zur Abbildung zurück. Wenn wir die drei Punkte, von denen jeder die Anzahl der gespeicherten Wahrnehmungen angibt, miteinander verbinden, entsteht eine Linie, die schräg nach unten verläuft. Wenn wir diese Linie weiter nach unten durchziehen, schneidet sie an einem bestimmten Punkt die waagrechte Linie, auf der wir (willkürlich) drei Altersstufen angegeben haben. Dieser Schnittpunkt ist sehr wichtig. Schauen wir uns einmal Abbildung 2 an.

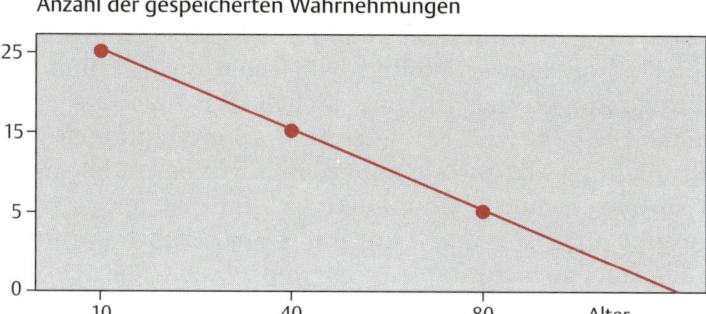

Abb. 2   Irgendwann werden keine neuen Wahrnehmungen mehr gespeichert.

Die schräge Linie zeigt, daß im Laufe der Jahre immer weniger Wahrnehmungen gespeichert werden. Von dem Zeitpunkt an, an dem die schräge Linie die waagrechte Linie schneidet, werden keine Wahrnehmungen mehr gespeichert. Wenn Sie bis ins hohe Alter hinein gesund bleiben und nicht dement werden, werden Sie diesen Zeitpunkt nie miterleben. Der Zeitpunkt, von dem an keine Wahrnehmungen mehr in Ihrem Gedächtnis gespeichert werden, liegt dann sozusagen nach Ihrem Tod. Worauf es nun ankommt, ist folgendes: Wenn der geistige Verfall fortschreitet – also keineswegs schon ganz zu Anfang –, erreichen demente Menschen irgendwann diesen Zeitpunkt, der eine früher, der andere später. Das Leben geht zwar weiter, aber es werden keine Wahrnehmungen mehr in ihrem Gedächtnis gespeichert. Das ist ein dramatischer Moment, der mehr oder weniger weitreichende Folgen für ihre Erlebniswelt hat.

Anschließend nennen wir ein paar Beispiele für solche weitreichen-
den Folgen für Frau Jansen. Sie können sie leicht mit zahlreichen anderen Beispielen aus Ihrer eigenen Erfahrung ergänzen. Es versteht
sich von selbst, daß die Demenz natürlich nicht an diesem Punkt beginnt. Was Demenz ist und wie sie festgestellt werden kann, haben
wir schon im vorigen Kapitel behandelt.

Ein neues Gesicht

Frau Jansen, die heute mit dem linken Bein zuerst aufgestanden ist
(was heißt, daß sie dann niemand belästigen darf), öffnet die Tür,
nachdem es geklingelt hat. Die neue Schwester. Aber das weiß Frau
Jansen nicht. Sie öffnet die Tür, jedenfalls einen Spalt weit. Weil das
Gesicht ihr nicht gefällt und sie außerdem nicht bereit ist, sich etwas
erklären zu lassen macht sie die Tür schnell wieder zu. Die neue
Schwester gibt nicht so schnell auf und klingelt noch einmal. Diese
Szene wiederholt sich fünfmal. Auch wenn beide Menschen dieses
Spiel den ganzen Morgen lang wiederholen, wird für Frau Jansen
das Gesicht der Schwester jedesmal wieder neu sein. Wenn diese
neue Wahrnehmung nicht in ihrem Gedächtnis gespeichert wird,
wird sie nie auf den Gedanken kommen, daß es immer wieder die gleiche Frau ist, die vor der Tür steht. Am Ende des Morgens wird Frau
Jansen todmüde sein (was nach dem ständigen Hin- und Herlaufen
vollkommen verständlich ist), aber sie wird nicht wissen, weshalb.

Ein fremdes Zimmer

Wenn jemand in ein Pflegeheim aufgenommen wird, bedeutet dies
meist, daß der geistige Verfall bereits weiter fortgeschritten ist. Früher oder später werden demente Menschen dann dort in einem für
sie fremden Zimmer wach. Frau Jansen wacht jeden Morgen im gleichen Zimmer auf. Das heißt, so sieht es das Pflegepersonal. Aber bei
Frau Jansen werden neue Wahrnehmungen nicht mehr gespeichert.
Sie weiß deshalb nicht, wo sie sich befindet, und das jeden Morgen
aufs neue.

In einem der nächsten Kapitel, in dem wir näher darauf eingehen
werden, wie Frau Jansen auch mit ihrem Herzen und ihrem Gefühl
mit dem beschäftigt ist, was mit ihr vorgeht, werden wir sehen, daß

derartige »befremdende« Erfahrungen gleichzeitig die verschiedensten affektiven bzw. emotionalen Reaktionen hervorrufen.

Wo ist mein Kaffee?

Am Nachmittag sitzt Frau Jansen im Aufenthaltsraum des Altersheimes. Vorne in der ersten Reihe. Sie spielt gern Bingo und am liebsten gewinnt sie. Es verursacht bei ihr ein angenehmes Gefühl der Spannung, eine Art Aufregung, bei der sie sich wohl fühlt. Sie hat gerade mit Appetit ihre Tasse Kaffee getrunken. Plötzlich lacht jemand beim Eingang des Saals, links von ihr, laut auf. Ihre ganze Aufmerksamkeit richtet sich jetzt dorthin. Sie dreht sich um und schaut in diese Richtung. Dadurch verschwindet die leere Kaffeetasse, die direkt vor ihr steht, aus ihrem Gesichtsfeld. Wenn sie ihre Augen wieder auf denjenigen richtet, der die Nummern zieht, stellt sie fest, daß ihre Tasse leer ist. Die Tasse ihrer Nachbarin aber nicht. Und schwer beleidigt macht sie der Bedienung deutlich, daß sie noch keinen Kaffee bekommen hat.

Da bei Frau Jansen neue Wahrnehmungen nicht mehr gespeichert werden, kann sie – vor allem, wenn sie immer wieder abgelenkt wird, wodurch die leere Tasse aus ihrem Wahrnehmungsfeld verschwindet – während des Bingospiels gewissermaßen ununterbrochen Kaffee trinken. Dabei hat sie immer das unangenehme Gefühl, daß man beim Einschenken ausgerechnet sie andauernd vergißt. Am Abend schafft sie es gerade noch rechtzeitig zur Toilette. Sie muß auf einmal ganz dringend.

Eiskalte Hände

Hans arbeitet als Pfleger in einem Altersheim. Er versteht sich ganz gut mit Frau Jansen. Auf jeden Fall kümmert er sich immer rührend um sie, auch wenn sie traurig ist. Er hält dann auch manchmal ihre Hand fest. Einmal sitzt er morgens neben ihr und stellt fest, daß sie, jedenfalls seiner Meinung nach, eiskalte Hände hat. Bevor es ihm möglich ist, ihr seine Verwunderung mitzuteilen, wird er anderswo gebraucht. Als er nach einiger Zeit zurückkommt, sagt er zu Frau Jansen: »Sie hatten aber vorhin kalte Hände!« Sie schaut ihn überrascht an. Was kann er wohl meinen? Und was macht dieser Kerl überhaupt hier bei ihr? Da ihr Gedächtnis keine neuen Wahrnehmungen oder Eindrücke mehr speichert, kann sie sich auch nicht erinnern, daß er ihre Hand festgehalten hat.

Wie behält man den Kontakt?

Wir haben darüber gesprochen, daß geistig verwirrte ältere Menschen – obwohl ihr Gedächtnis keine neuen Wahrnehmungen mehr speichert – doch noch weiterleben. Dies führt uns direkt zu der Frage, wie Sie unter diesen Umständen mit ihnen Kontakt halten können. Wenn wir von den genannten Beispielen ausgehen, dann lautet die Antwort: Worüber Sie mit einer dementen Person sprechen, muß so lange wie möglich von ihr wahrgenommen werden können. Mit anderen Worten, sorgen Sie dafür, daß alles so lange wie möglich hörbar, sichtbar, tastbar, riechbar und schmeckbar bleibt. So lange Sie gemeinsam den blauen Himmel und die Wolken sehen, können Sie darüber sprechen: »Siehst du die große weiße Wolke dort oben?«. So lange Sie gemeinsam Operettenmusik hören, können Sie fragen: »Macht die Musik dich auch so fröhlich?«. Aber wenn Sie sich mit dem Rücken zum Fenster setzen oder wenn Sie warten, bis die Platte abgelaufen ist, und Sie sagen dann erst zu Frau Jansen: »Das war aber eine große Wolke, nicht wahr?« oder »War das nicht ein fröhlicher Walzer?«, dann weiß sie nicht, wovon Sie sprechen. In diesem Fall kommen Sie auf etwas zurück und Sie gebrauchen die Vergangenheitsform. Wenn die Dinge wahrnehmbar bleiben, können Sie dafür die Gegenwartsform verwenden. Das gleiche gilt auch für das Riechen und Schmecken. So lange Frau Jansen noch dabei ist, ihr Stück Kuchen zu essen, können Sie mit ihr darüber sprechen. Danach geht das nicht mehr. Kehren wir wieder zurück zu unserem Beispiel von den eiskalten Händen.

Noch einmal die eiskalten Hände

Pfleger Hans konnte natürlich nichts dafür, daß er weggerufen wurde. Aber wenn er sich bewußt gemacht hätte, daß Frau Jansen neue Wahrnehmungen nicht mehr speichern kann, hätte er es anders gemacht. Dann wäre er nicht mehr darauf zurückgekommen und er hätte nicht mehr mit ihr darüber gesprochen. Oder er hätte noch einmal ihre Hände genommen, sie festgehalten und zu Frau Jansen ge sagt: »Sie haben aber kalte Hände!« Und die Wahrscheinlichkeit ist groß, daß sie ihm dann geantwortet hätte: »Deine sind aber warm!«

So lange etwas zum Beispiel tastbar oder fühlbar ist, können Sie leicht darüber sprechen. Wenn Sie aber den Reiz wegnehmen oder wenn der Reiz außerhalb des Wahrnehmungsfeldes der dementen Person liegt, ist er nicht mehr hörbar, sichtbar, tastbar, riechbar oder schmeckbar. In einem solchen Fall hat Frau Jansen für die Frage von Hans keinerlei Anknüpfungspunkte. Weil bei ihr keine neuen Wahrnehmungen mehr gespeichert werden, kann man bei ihr auch nicht auf etwas zurückgreifen, was vorbei und vergangen ist. Ein letztes Beispiel soll noch einmal veranschaulichen, wie wichtig die Wahrnehmbarkeit sinnlicher Reize ist, um den Kontakt mit dementen Menschen behalten zu können.

Sich verabschieden

Seit Frau Jansen im Pflegeheim ist, besucht Herr Jansen sie so oft wie möglich. Womit er unter anderem nur schwer fertig wird, ist die Tatsache, daß seine Frau durchdreht, wenn er weggehen will. Das bereitet ihm manchmal schlaflose Nächte. Was spielt sich da genau ab?

Immer wenn er ankündigt, daß er weggehen will, wird seine Frau unruhig. Sie will dann mit ihm mitkommen. Manchmal gerät sie in Panik, manchmal wird sie traurig. Wenn er sich an der Tür verabschieden will, klammert sie sich an ihm fest. Manchmal bricht sie in Tränen aus. In solchen Augenblicken bricht ihm fast das Herz. Er weiß dann nicht recht, was er tun soll. Soll er noch ein bißchen bleiben oder soll er weggehen? Nachts kann er nicht schlafen, denn bei ihm werden immer noch neue Wahrnehmungen im Gedächtnis gespeichert. Immer wieder sieht er seine Frau vor sich, wie sie sich an ihn klammert und mit ihm nach Hause gehen will.

Was passiert nun in der Praxis häufig in solchen Situationen? Kurz zusammengefaßt folgendes: Sobald ihr Mann die Tür hinter sich geschlossen hat und weggegangen, in den Fahrstuhl gestiegen oder die Treppe hinuntergegangen ist, dreht Frau Jansen sich um und geht sozusagen zur Tagesordnung über. Kurze Zeit später sitzt sie am Tisch und lacht oder läuft Arm in Arm mit einer Mitbewohnerin über den Gang. »Mein Mann? Der hat sich noch nicht gemeldet. Es wird höchste Zeit, daß er sich wieder mal sehen läßt!« sagt sie augenzwinkernd zu einem Pfleger. Das heißt also, daß ihr Mann so gut wie »nie dagewesen« ist, wenn er aus ihrem Gesichtsfeld verschwunden ist. Neue Wahrnehmungen werden in ihrem Gedächtnis nicht mehr gespeichert. Daß sie traurig war, als er wegging, »weiß« sie nicht mehr. Aber er weiß es. Kein Wunder, daß er nicht schlafen kann. Seine Frau dagegen leidet keineswegs unter seiner Abwesenheit.

Wenn Herr Jansen nach einigen Minuten wiedergekommen wäre und heimlich um die Ecke geschaut hätte um nachzusehen, wie es seiner Frau geht, hätte er ein Bild gesehen, das ihn bestimmt nicht wach gehalten hätte. Er hätte gesehen, wie seine Frau Arm in Arm und lachend mit einer anderen Frau über den Gang gelaufen ist.

Sie müssen also darauf achten, daß das, worüber Sie sprechen, sinnlich wahrnehmbar bleibt. Das ist die zweite Leitlinie, die Ihnen den Umgang mit einer dementen Person erleichtern soll.

Vergegenwärtigen Sie sich aber auch das Gegenteil. Indem Sie dafür sorgen, daß der Reiz aus dem Wahrnehmungsfeld verschwindet, kann auch das unangenehme Gefühl, das dadurch hervorgerufen wird, verschwinden. Denken Sie einmal an einen Gegenstand im Zimmer oder an einen Schatten an der Wand. Manchmal sieht jemand vom Pflegepersonal oder von den Mitbewohnern zufällig jemandem ähnlich, den die demente Person überhaupt nicht mag. Erst wenn diese Person weg ist, kehrt auch die Ruhe wieder ein oder verschwindet die Panik.

Herr Jansen kann es nur schwer verkraften, daß die Gedächtnisstörungen seiner Frau auch bedeuten, daß er »langsam aus ihrem Leben verschwindet«, daß er von ihr »getrennt« wird, daß er sozusagen »Witwer« wird. Mit dieser Frage werden wir uns im Kapitel über die Familienangehörigen intensiver beschäftigen.

Die Zahl der gespeicherten Wahrnehmungen sinkt immer mehr

Die dritte Annahme in bezug auf das Gedächtnis lautet: »Mit dem Älterwerden sinkt die Zahl der schon gespeicherten Wahrnehmungen.« (Siehe Abb. 3.)

Anzahl der gespeicherten Wahrnehmungen

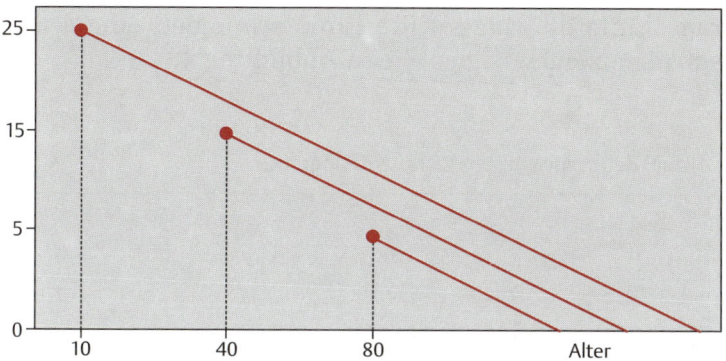

Abb. 3   Immer mehr gespeicherte Wahrnehmungen werden vergessen.

Wie kann man sich das vorstellen? Inzwischen ist Ihnen bekannt, daß Sinneswahrnehmungen gespeichert werden und daß diese Sinneswahrnehmungen durch Hören, Sehen, Fühlen, Riechen und Schmecken gemacht werden. Auch bei dieser Darstellung handelt es sich um eine bildliche Wiedergabe dessen, was geschieht. Es ist nicht die Realität.

Kehren wir noch einmal zur Erklärung der zweiten Annahme in bezug auf das Gedächtnis zurück. Wir haben angenommen, daß Sie als Kind, als Erwachsener, als Achtzigjähriger eine neue Wahrnehmung zunächst fünfundzwanzigmal, dann fünfzehnmal und schließlich nur noch fünfmal speichern. Bei der dritten Annahme in bezug auf das Gedächtnis geht es nun darum, daß die Wahrnehmungen, die einmal im Gedächtnis gespeichert wurden, selbst wiederum in irgendeiner Weise in Vergessenheit geraten. Im Laufe der Jahre bleiben von den gespeicherten Wahrnehmungen immer weniger übrig.

Das können Sie in Abbildung 3 sehen. Von drei Punkten aus laufen drei Linien, die jeweils die Anzahl der gespeicherten Wahrnehmungen wiedergeben, schräg nach unten. Das bedeutet, daß die Anzahl der gespeicherten Wahrnehmungen im Laufe der Jahre abnimmt. Auf der waagrechten Linie sind die drei Altersstufen angegeben. Wie das Bild aussieht, wenn wir nun an der Stelle, an der die kürzeste schräge Linie die waagrechte Linie schneidet, eine senkrechte Linie nach oben ziehen, sehen Sie in Abbildung 4.

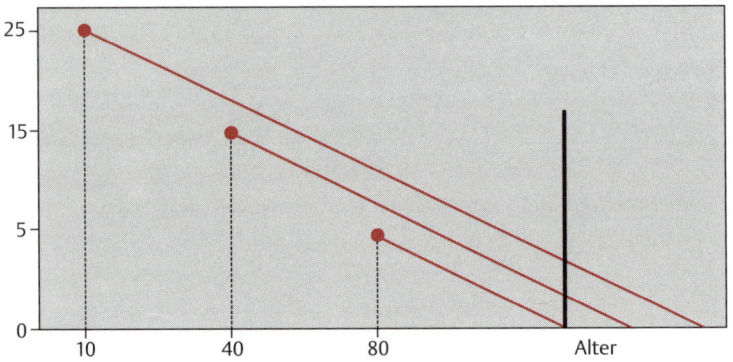

Abb. 4   Wo die senkrechte Linie die waagrechte Achse schneidet, existieren keine Erinnerungen an Wahrnehmungen aus der Zeit nach dem 80. Lebensjahr mehr, sehr wohl aber noch welche aus weiter zurückliegenden Zeiten.

Die senkrecht nach oben gezogene Linie kreuzt auch die zwei darüberliegenden schrägen Linien. Diese schrägen Linien sollen Ihnen zeigen, daß von den Wahrnehmungen, die ursprünglich früher einmal gespeichert wurden, im Laufe der Jahre immer weniger übrigbleiben. Die Schnittpunkte mit der waagrechten Linie markieren den Zeitpunkt, von dem an es keine gespeicherten Wahrnehmungen mehr gibt. Der linke Schnittpunkt gibt demnach an, daß von den

Wahrnehmungen, die nach dem achtzigsten Lebensjahr gemacht wurden, keine mehr übrig geblieben sind. Man kann sich also an nichts mehr erinnern, was nach diesem Zeitpunkt passiert ist.

Wenn Sie nun der gerade nach oben verlaufenden Linie folgen, kommen Sie zum zweiten Schnittpunkt. Dieser Schnittpunkt gibt an, daß noch einige gespeicherte Wahrnehmungen vorhanden sind, die im Erwachsenenalter (so um das vierzigste Lebensjahr herum) gemacht wurden. Und wenn Sie der Linie noch weiter nach oben folgen, kommen Sie zum dritten Schnittpunkt. Und dieser Schnittpunkt zeigt Ihnen, daß von den Wahrnehmungen, die Sie um das zehnte Lebensjahr herum gemacht haben, noch viel mehr gespeichert sind.

Dieses Bild soll Ihnen folgendes deutlich machen: Wenn der geistige Verfall fortschreitet (also bestimmt nicht zu Beginn), erreichen und überschreiten demente Menschen früher oder später diesen Punkt. Beim einen kann dies früher der Fall sein als beim anderen. Das Leben geht für sie zwar weiter, aber in ihrem Gedächtnis sind nur noch Wahrnehmungen gespeichert, die sie früher in ihrem Leben gemacht haben. Und das hat mehr oder weniger weitreichende Folgen für ihre Erlebniswelt, für das, was sie erfahren.

Wir geben wieder einige Beispiele; auch hier können Sie zahlreiche andere Beispiele aus Ihren eigenen Erfahrungen mit dementen Menschen hinzufügen.

Das auf dem Foto ist mein Sohn

Frau Pietsch, eine demente Mitbewohnerin, ist heute 85 geworden. Sie bekommt Besuch von ihrem Sohn, der selbst schon fast sechzig ist. Wie alle vorhergehenden Male, wenn er sie treu besucht hat, weiß sie auch heute wieder nicht, wer dieser Mann mit seinen schon ergrauten Haaren ist. Er ist nett zu ihr, beruhigend und freundlich. Er kann machen, was er will, sie weiß einfach nicht, wer er ist. Manchmal denkt sie, daß es ihr Mann sei, aber dann fällt ihr wieder ein, daß das nicht sein kann, denn ihr Mann ist ja schon früh gestorben. Sie muß dann sogar ein bißchen weinen. Wenn die Nachtschwester ihr abends dann beim Zubettgehen hilft, zeigt sie auf eines der Fotos auf ihrem Nachtschränkchen. Es ist ein altes Foto von ihr selbst mit ihren vier Kindern. Das Datum steht hinten drauf. Es war vor dem Bauernhof ihres Bruders aufgenommen worden, vor mehr als zwanzig Jahren. Die Schwester zeigt mit dem Finger auf die jüngere Ausgabe ihres Sohnes auf dem Foto und fragt, wer dieser Mann sei. Frau Pietsch antwortet mit einer Mischung aus Stolz und Bedauern: »Ach, das ist Klaus. Ich hab' leider nur einen Sohn.«

Welche Enkelkinder?

Wenn von den Wahrnehmungen der letzten Jahre nichts mehr gespeichert wird, kann es sein, daß Frau Pietsch ihre jüngsten Enkelkinder nicht erkennt. Und wenn der Prozeß fortschreitet, wird sie die älteren Enkelkinder auch nicht mehr erkennen. So vergißt sie alle, sogar das erste Enkelkind, das sie damals mit Stolz und verhaltener Freude begrüßt hatte. Dieses Mädchen hatte für sie viel vom frühen Tod ihres Mannes wiedergutgemacht. Wenn die Nachbarin Frau Pietsch fragt, wie denn ihre Enkelkinder heißen, kann es sein, daß sie lachend behauptet, sie hätte keine Enkelkinder. »Ach nein, wofür halten Sie mich denn? Ich hab' doch gerade erst einen Freund!«

Aber es gibt auch Ausnahmen. Das Erkennen von Kindern und Enkelkindern und die Erinnerung daran hängt natürlich auch mit den anderen Einflüssen auf das Gedächtnis zusammen. Ein Enkelkind hinterläßt vielleicht mehr Eindruck als ein anderes, zum Beispiel durch seine Stimme, durch seine Art sich zu kleiden, seine Statur, sein Verhalten oder durch eine besonders innige Beziehung zur Oma.

Der erste Mann

Obwohl der Vergleich nicht ganz stimmt (man denke nur wieder an den Einfluß aller genannten Faktoren), nennen wir hier noch ein Beispiel. Nehmen wir einmal an, daß Frau Pietsch, nach einer mehr als dreißigjährigen Witwenschaft, vor kurzem zum zweiten Mal geheiratet hat, und zwar Georg. Und nehmen wir auch einmal an, daß von der Hochzeit und allen Erfahrungen in der Zeit danach keine Wahrnehmungen mehr im Gedächtnis gespeichert worden sind. Dann gelingt es Georg nie, seine Frau davon zu überzeugen, daß er ihr jetziger rechtmäßiger Ehegatte ist. Mit allen möglichen Folgen. Und vielleicht kommt für ihn schließlich auch noch der Augenblick, an dem Frau Pietsch ihn mit dem Namen ihres verstorbenen ersten Mannes als Willi anspricht.

Vor allem die Vergangenheit

Kurz gesagt, Sie müssen darauf achten, daß Sie mehr über die frühere als über die heutige Zeit sprechen. Mehr über die Vergangenheit als über die Gegenwart. Das ist die dritte Leitlinie, die Ihnen den Umgang mit dementen Menschen erleichtern soll. Sie können also besser über die Schwierigkeiten der Nachkriegszeit als über die aktuelle Politik sprechen.

Wenn Sie einen geistig verwirrten Mitbewohner noch von früher kennen, sind Sie, was das angeht, im Vorteil. Sie können dann leichter als ein anderer mit ihm ins Gespräch kommen, weil Sie schon viel von ihm wissen. Wenn dies nicht der Fall ist, wird es schwieriger. Vielleicht können Ihnen Kinder oder Bekannte weiterhelfen und Ihnen etwas über früher erzählen. Wenn Sie mit dementen Menschen über alte Zeiten reden wollen, was oft eine nette Beschäftigung ist, müssen Sie doch etwas über sie wissen.

Für die Schwestern, die in einem Altenpflegeheim mit dementen Menschen umgehen, ist das ein zusätzliches Problem. Denn sie müssen vor allem mit dem frühen Lebenslauf dieser Person gut vertraut sein. Sie müssen alle individuellen Lebensläufe, jede persönliche Geschichte ihrer Heimbewohner kennen. Sie müssen auch über das Leben von Frau Pietsch Bescheid wissen. So müssen die Schwestern zum Beispiel wissen, wer Willi ist und wann er gestorben ist. Es kann gut sein, daß diese Informationen fehlen, vielleicht, weil man der Meinung ist, daß dies Privatangelegenheiten seien, die niemanden etwas angingen oder weil niemand mehr lebt, der das weiß. Deshalb schreibt man in den Niederlanden in vielen Fällen die Lebensgeschichte von Patienten anhand von Informationen von Familienangehörigen auf. Es wäre sehr sinnvoll, diese Gepflogenheit auch in Deutschland zu übernehmen.

Geschichte und allgemein Menschliches

Wenn Sie über den individuellen Lebenslauf nichts wissen, können Sie, und das gilt auch für das Pflegepersonal, an die (regionale) Geschichte der Zeit anknüpfen, in der sich das Leben von Frau Pietsch, Frau Jansen und anderen abgespielt hat. Und wenn Ihnen außer der persönlichen auch die allgemeine Geschichte einer Person unbekannt bleibt, gibt es immer noch allgemein menschliche Themen, wie zum Beispiel Erfahrungen mit Gefühlen, Freundschaften, (Groß)Elternschaft, Kinderzeit, Intimität, Sexualität, Arbeit, Krieg, Frieden, Urlaub, Haustiere, Gartenarbeiten usw.

Möglichst wenig Informationen auf einmal

Die vierte Annahme in bezug auf das Gedächtnis lautet: Je älter jemand ist, desto weniger Informationen werden gleichzeitig wahrgenommen und gespeichert.

Was muß man sich darunter vorstellen? Ein anderes Wort für das, was hier gemeint ist, ist »Verarbeitungsfähigkeit«. Das ist die maximale Menge an Informationen (Hören, Sehen, Tasten, Riechen und Schmecken), die je Zeiteinheit wahrgenommen und gespeichert werden kann. Mit zunehmendem Alter sinkt die Verarbeitungsfähigkeit. Die maximale Menge an Wahrnehmungen, die Sie gleichzeitig verarbeiten können, nimmt ab. Es gelingt fast niemandem, die Telefonnummer 6823598271 auswendig zu wählen. Fast alle müssen sich Notizen machen oder sie in Untergruppen verteilen. Aber die Nummer 472937 wählt fast jeder sofort fehlerlos aus dem Gedächtnis.

Bei geistig verwirrten älteren Menschen wird die Verarbeitungsfähigkeit früher oder später sehr klein. Sie können oft nur zwei oder drei Wörter behalten und manchmal sogar nur ein einziges. Wir geben Ihnen nun ein Beispiel, aus dem deutlich wird, was geschieht, wenn man demente Menschen mit zu vielen Informationen gleichzeitig konfrontiert.

Am falschen Ort Wasser lassen

Herr Rosenheimer, ein dementer Mitbewohner, spricht Sie auf dem Gang an. Sie wollen gerade zum Empfang. Links von Ihnen befindet sich eine rote Tür. Es ist die Tür zum Schrank, in dem das Personal die Putzsachen abstellt. Sie wissen nicht, daß die Verarbeitungsfähigkeit von Herrn Rosenheimer bei »drei« liegt. Das bedeutet, daß er nur drei Wahrnehmungen gleichzeitig speichern kann. Herr Rosenheimer fragt Sie, wo die Toilette ist. »Ich muß mal ganz dringend«, fügt er fast bittend hinzu. Sie wohnen aber selbst erst seit ein paar Wochen im Heim und Sie finden sich auch nicht besonders schnell zurecht. Ihr Gehirn arbeitet auf Hochtouren, denn Sie sehen ja, daß es eilt. Sie fangen deshalb schon mal an zu reden: »Ach, guten Tag. Sie müssen zur Toilette? Wenn Sie hier den Gang rechts nehmen und dann am Ende nach links gehen... Sehen Sie die Schwester dort?« Sie winken der Schwester, da diese gerade in Ihre Richtung schaut. Dann denken Sie nach und fahren fort: »Bei der Schwester dort müssen Sie links abbiegen. Dann ist es die dritte, nein, die vierte Tür links. Es ist eine rote Tür.« Und noch bevor Sie sagen können, daß sich hinter dieser roten Tür die Herrentoilette befindet, öffnet Herr Rosenheimer bereits die rote Tür zum Putzschrank und nestelt nervös an seinem Hosenschlitz. Aber es ist bereits zu spät.

Informationen dosieren

Sie wissen vielleicht schon, was hier passiert ist. Herr Rosenheimer behält nur Ihre letzten drei Worte: »... eine rote Tür«. Er fragte nach der Toilette. Die Zeit drängte. Also nimmt er die erste beste rote Tür, die er sieht und macht Anstalten, Wasser abzulassen.

Die Sache ging schief, weil Sie ihm den Weg mit viel zu vielen Worten gleichzeitig zu erklären versuchten, trotz Ihrer guten Absicht. Mit seiner Verarbeitungsfähigkeit von drei Wörtern hört Herr Rosenheimer zunächst die ersten drei Wörter, dann die folgenden drei usw., usw., bis zu den letzten drei Wörtern. Diese drei bleiben ihm im Gedächtnis haften. Alle anderen sind schon lange wieder verschwunden.

Unverständliche Sätze

Das Gleiche passiert auch, wenn demente Menschen Sätze formulieren, die für Sie zunächst völlig unverständlich sind. Sie möchten etwas sagen, fangen auch an, etwas zu sagen, aber sie haben schon nach einigen Wörtern vergessen, was sie eigentlich sagen wollten. Sie fahren aber doch fort und gehen dann meist von den zuletzt gesprochenen Wörtern aus. Am Ende hat das letzte Wort überhaupt nichts mehr mit dem ersten zu tun. Der Satz ergibt keinen Sinn. Sowohl für den Zuhörer als auch für die demente Person selbst ist es eine unbegreifliche Geschichte geworden.

Fröhliche Weihnachten

In Krankenhäusern und Pflegeheimen, aber auch in Altersheimen hat das Pflegepersonal die Gewohnheit, es an bestimmten Feiertagen extra gemütlich zu machen und die Räume zu schmücken. Viele Patienten oder Bewohner vertragen das gar nicht. Oft äußert sich das in einer Zunahme des Beruhigungsmittelverbrauchs. Das ist möglicherweise damit zu erklären, daß die Bewohner nicht mehr so viele Informationen gleichzeitig verarbeiten können.

So lange es um Schmuck und Verzierungen geht, die geistig verwirrte ältere Menschen von früher (wieder)erkennen, passiert nicht viel. Aber weil wir heute in einer anderen Zeit leben, hängt das Pflegepersonal manchmal die merkwürdigsten Dinge auf. Und wenn sich die direkte Umgebung auf der eigenen Abteilung dann auch noch stark verändert, verlieren manche völlig die Orientierung. Als würden demente Menschen es überhaupt nicht schätzen, was die Schwestern alles tun! Je weniger Veränderungen es in der direkten Umgebung gibt und je altmodischer der Schmuck ist (wiedererkennbare gespeicherte Wahrnehmungen; vergleiche die dritte Annahme in bezug auf das Gedächtnis), desto weniger Unruhe gibt es.

Zu Besuch

Das gilt auch für unser letztes Beispiel für die vierte Annahme in bezug auf das Gedächtnis: Vermeide Konfrontationen mit zu vielen Wahrnehmungen gleichzeitig.

Die Tochter von Frau Stoll ist unverheiratet geblieben. Nachdem sie ihre Verlobung gelöst hatte, als sie dreißig war, zog sie wieder zu ihren Eltern. Gemeinsam mit ihrer Mutter hat sie ihren kranken Vater gepflegt. Nach seinem Tod blieb sie bei der Mutter. Ein paar Jahre nach der Pensionierung der Tochter begann bei der Mutter der geistige Verfall. Als ihr die Sorge für der Mutter zuviel wurde, bot ihr Bruder an, die Mutter ein paar Wochen zu sich zu nehmen, damit sie endlich wieder einmal in Urlaub fahren konnte. Ihr Bruder wohnte ganz im Osten des Landes und hatte vier lebhafte Kinder. Nach ein paar Tagen ging das nicht mehr gut. Statt in einer vertrauten, bekannten und ruhigen Umgebung war die Mutter plötzlich in einer für sie unbekannten und unruhigen Umgebung. Mit zu wenigen wiedererkennbaren Wahrnehmungen und zu vielen Wahrnehmungen gleichzeitig. So kann ein gut gemeintes Angebot manchmal in einer regelrechten Katastrophe enden.

Situationen mit zu vielen Informationen vermeiden

Neben den Sinnesorganreizungen für das Sehen, Tasten, Riechen und Schmecken gilt dies besonders für die akustischen Reize. Wir sollten also mehr auf das achten, was wir sagen. Wir konfrontieren geistig verwirrte ältere Menschen meist unbeabsichtigt mit zu vielen Sinnesreizungen gleichzeitig. Das passiert so gut wie unbemerkt in einem vollen Aufenthaltsraum, oder wenn viele Familienangehörige gleichzeitig zu Besuch kommen. Dadurch werden demente Menschen mehr oder weniger überrumpelt. Und was das Sprechen angeht, so reden wir drauf los, daß einem Dementen oft Hören und Sehen vergeht. Die meisten Wörter nimmt er dann gar nicht auf. Was Sie sagen, sollte auf jeden Fall mit möglichst wenigen Wörtern gesagt werden. Verwenden Sie kurze Sätze und »behandeln« Sie jeweils nur ein Thema gleichzeitig.

Kurz gesagt, Sie sollten also so wenig Wörter wie möglich verwenden, wenn Sie mit einer dementen Person sprechen. Das ist die vierte Leitlinie, die Ihnen den Umgang mit geistig verwirrten Menschen erleichtern soll. Möglichst viel mit möglichst wenig Worten sagen.

Mehrere Sinnesorgane gleichzeitig ansprechen

Die fünfte Annahme in bezug auf das Gedächtnis lautet: »Der Prozeß der Wahrnehmung, Speicherung und Wiedergabe läßt sich günstig beeinflussen, wenn dabei verschiedene Sinnesorgane gleichzeitig angesprochen werden.«

Das kommt sehr häufig vor. Sie erkennen manchmal Bilder, zum Beispiel im Fernsehen, die Sie an ein langes Gespräch erinnern, das Sie einmal vor vielen Jahren in einer ganz bestimmten Atmosphäre und Umgebung geführt haben. Oder Sie haben früher oft sonntags im Sommer mit Ihrer Familie Radtouren gemacht, bei denen Sie an noch rauchenden Stoppelfeldern vorbeikamen. Wenn Sie das jetzt wiedersehen, erinnern Sie sich auf einmal an viele Dinge aus Ihrer Schulzeit, als Sie damals im Sommer Kartoffelfeuer gemacht haben. Daß die eine gespeicherte Wahrnehmung mit der anderen zusammenhängt, liegt daran, daß Wahrnehmungen und Sinneseindrücke oft komplex sind und als Informationen über mehrere Sinnesorgane gleichzeitig ins Gedächtnis gelangen. Das nächste Beispiel soll dies deutlich machen.

Toilettenrunde

Im vorigen Kapitel haben wir gesehen, daß Inkontinenz, das heißt, der Verlust der Kontrolle über Stuhl und/oder Urin, ein Symptom ist, das bei Demenz vorkommen kann. Um zu vermeiden, daß demente Menschen ihren Stuhl und ihren Urin einfach laufen lassen, wird oft eine Toilettenrunde organisiert. Das bedeutet, daß die Schwestern demente Menschen zu einer festen Tageszeit zur Toilette bringen, um zu verhindern, daß sie in die Hose machen. Nehmen wir einmal an, daß es an einem bestimmten Tag sehr viel zu tun gibt und daß die Schwester Sie gebeten hat, bei der Toilettenrunde mitzuhelfen.

Es ist elf Uhr morgens. Sie möchten Frau Jansen zur Toilette bringen und Sie sagen ohne viel nachzudenken: »Frau Jansen, sollen wir mal zur Toilette gehen?« Frau Jansen schaut Sie an, als kämen Sie vom Mond. Hört sie nicht oder versteht sie nicht, was Sie da gerade gesagt haben? Vielleicht ist es besser, wenn Sie gar nichts sagen, sondern wenn Sie Frau Jansen einfach am Arm nehmen und sie bis zur Toilette bringen. Wenn Sie dann die Tür öffnen, so daß Frau Jansen gleichzeitig sehen kann, was Sie beabsichtigen, reagiert sie vielleicht. Wenn es auf der Toilette dann auch noch ein bißchen stinkt und Sie zusätzlich versuchen, ihr beim Herunterziehen der Unterhose zu helfen, versteht sie wahrscheinlich, was von ihr erwartet wird.

Verschiedene Sinnesorgane, die gleiche Botschaft

Dieses Beispiel soll deutlich machen, daß wir in den meisten Fällen mit Worten versuchen, Kontakt zu knüpfen, und es häufig auch dabei belassen. Von einem bestimmten Zeitpunkt an hat das bei dementen Menschen nicht mehr so viel Erfolg. Wenn Sie versuchen, das gleiche auf eine andere Art deutlich zu machen, müssen Sie versuchen, auch andere Sinne dabei anzusprechen als nur das Hören. Wir belassen es meistens automatisch beim Reden und vergessen, daß uns ein wahrer Schatz an Gebärden zur Verfügung steht. Das ist übrigens nicht immer leicht. Und es gibt natürlich auch »Botschaften«, die man schwer anders als in Worten ausdrücken kann. Aber versuchen Sie es trotzdem.

Kurz gesagt, wenn Sie von einer dementen Person etwas möchten, müssen Sie das nicht nur sagen, sondern gleichzeitig in andere Informationsarten »verpacken«. Das ist die fünfte Leitlinie beim Umgang mit geistig verwirrten Menschen. Vertraue nicht nur auf das Hören, sondern schalte, wie wir im Beispiel gezeigt haben, gleichzeitig auch das Sehen, Tasten und Riechen ein.

Erkennen ist leichter als Wiedergeben

Die sechste Annahme in bezug auf das Gedächtnis lautet: »Das Erkennen von gespeicherten Wahrnehmungen ist leichter als deren Reproduktion (Wiedergabe).«

Jemand fragt Sie, was Sie gestern gegessen haben. Sie brauchen nicht lange nachzudenken, denn Sie wissen es noch genau. Sie antworten: »Tomatensuppe, Roulade, Kartoffelbrei, Bohnen und Joghurt.« Sie reproduzieren mit Leichtigkeit die Wahrnehmungen, die Sie von der Mahlzeit gespeichert haben.

Aber nehmen wir einmal an, daß der Fragesteller diese Mahlzeit gemeinsam mit Ihnen eingenommen hat und Sie wissen es nicht mehr genau. Sie müssen etwas länger nachdenken. Um Ihnen dabei zu helfen, gibt er Ihnen jeweils zwei Dinge zur Auswahl: »War es Gemüse- oder Tomatensuppe, Roulade oder Kotelett, Kartoffelbrei oder Pommes, Karotten oder Bohnen und Pudding oder Joghurt?« Sie wählen in allen Fällen das Richtige. So erkennen Sie die Wahrnehmungen leicht wieder, die von der Mahlzeit in Ihrem Gedächtnis gespeichert wurden. So können Sie jede einzelne Frage zur Mahlzeit mit »ja« oder »nein« beantworten.

Es ist leichter, Informationen, die einmal gespeichert worden sind, wiederzuerkennen, als diese Informationen zu reproduzieren. Bei der Wiedergabe wiedererkannter gespeicherter Informationen entstehen weniger Probleme als beim Reproduzieren von gespeicherten Informationen. Das ist bei gesunden Menschen der Fall und das gilt auch für demente Menschen, also auch für Frau Pietsch im nächsten Beispiel.

Ein Tag im Zoo

Daß Frau Pietsch eine Schwäche für Tiere hat, wußten die Schwestern schon lange. Sie hatte viele Jahre ihrer Kindheit auf dem Bauernhof ihrer Großeltern verbracht. Und es war auch auffallend, wie stark es sie zu dem Kleintiergarten des Dorfes hinzog, der hinter dem Altenpflegeheim lag. Sie kann ihn übrigens den ganzen Tag von ihrem Zimmer aus sehen.

Es war also eine Selbstverständlichkeit, daß sie an einem Tagesausflug in den Kölner Zoo teilnehmen würde. Jedenfalls, wenn ihr Sohn 75 Mark bezahlen würde. Dieser Betrag war nun einmal nicht im Versorgungspreis miteinbegriffen.

Aber ihr Sohn war zunächst nicht davon zu überzeugen, wozu ein solcher Ausflug gut sein sollte und machte Schwierigkeiten. Vielleicht hatte er wenig Geld oder er war ein sparsamer Mann, jedenfalls wollte er zuerst nicht bezahlen. Er sah nicht ein, was seine Mutter davon haben würde. »Sie nimmt doch nichts mehr auf. Das ist doch rausgeworfenes Geld.«

Nach vielem Drängen willigte er schließlich doch noch ein und bezahlte das Geld. »Weil ihr mich so unter Druck setzt. Aber eines sage ich euch jetzt schon und ich werde recht behalten: Mutter wird überhaupt nichts davon haben. Sie vergißt alles sofort wieder.«

Schön war's heut' im Zoo!

Weil Sie auch mit im Kölner Zoo waren, haben Sie mit eigenen Augen feststellen können, daß tatsächlich eintrat, was die Schwestern vorhergesagt hatten. Und man hatte Ihnen auch erzählt, daß sich der Sohn von Frau Pietsch anfangs so stark widersetzt hatte. Frau Pietsch amüsierte sich köstlich. Sie wollte überhaupt nicht mehr in den Bus nach Hause. Man hatte sie noch nie so fröhlich erlebt und so viel lachen hören wie an diesem Tag. Als Sie gegen sieben Uhr todmüde, aber genauso zufrieden wie die Schwestern Arm in Arm mit Frau Pietsch über den Gang zu ihrem Zimmer liefen, begegneten Sie ihrem Sohn. Weiß Gott, warum er vergessen hatte, daß seine Mutter an diesem Tag einen Ausflug machte.

In diesem Moment fühlen Sie sich mit den Schwestern solidarisch: dieses Getue um das Geld. Die Schwestern hatten recht behalten. Der Tagesausflug in den Zoo hatte seiner Mutter gut getan. Sie hatte sich wirklich köstlich amüsiert. Jetzt war der Augenblick der Genugtuung gekommen. Und so nonchalant wie möglich, als ob es überhaupt nicht für die Ohren des Sohnes bestimmt sei, wenden Sie sich an seine Mutter und fragen: »Was haben Sie denn heute gemacht?« Der Sohn und Sie spitzen beide die Ohren. Einen Augenblick lang ist es still. Frau Pietsch denkt nach, schaut erst ein bißchen erstaunt und dann etwas verzweifelt um sich. Dann fängt sie zu reden an und redet über alles, außer daß sie heute im Zoo gewesen ist. Natürlich reagiert ihr Sohn jetzt triumphierend: »Sehen Sie, genau das habe ich doch gesagt!«

Es ist verständlich, daß Sie einigermaßen enttäuscht auf Ihr Zimmer gehen. Die Rache war nicht süß. Vorläufig werden es die Schwestern wohl lassen, diesen Mann noch einmal um Geld zu bitten. Und Sie fühlen es auch ein wenig als Verrat von Frau Pietsch, obwohl Sie natürlich nur allzu gut wissen, daß sie nichts dafür kann.

Um halb neun klingelt bei Ihnen das Telefon. Am Apparat ist die Schwester, die dabei war, als Frau Pietsch die Antwort schuldig blieb, und die sich unauffällig aus dem Staub gemacht hatte. »Jetzt muß ich Ihnen aber mal was erzählen. Ich saß gerade mit Frau Pietsch vor dem Fernseher. Es kam gerade ein Bericht über den Frankfurter Zoo. Über die Geburt irgendeines Tieres oder so. Und auf einmal sagte sie: ›Schön war's heut' im Zoo!‹ Hätten Sie gedacht, daß sie das behält?«

Falsche Schlußfolgerung

Im ersten Teil dieses Beispiels bitten Sie Frau Pietsch zu reproduzieren, was an diesem Tag Eindruck auf sie gemacht und welche Wahrnehmungen sie davon gespeichert hat. Da sie es offenbar nicht weiß, wird zu schnell gefolgert, daß sie es wohl vergessen hat.

Im zweiten Teil des Beispiels zeigt sich deutlich, daß sie die Wahrnehmungen, die sie im Laufe des Tages im Zoo gemacht hat, schließlich doch erkennt. Daraus müssen wir schließen, daß sie sie gar nicht vergessen hat.

Vergeßlicher oder nicht?

Der gleiche Unterschied zwischen dem Wiedergeben und dem Erkennen von Informationen spielt auch eine Rolle, wenn Bewohner des Altersheims beurteilen, ob jemand vergeßlicher geworden ist oder nicht. Der eine Bewohner findet, daß die bewußte Person verglichen mit vor ein paar Monaten vergeßlicher geworden ist. Ein anderer teilt diese Meinung nicht. Wer hat recht? Wenn wir nach dem Grund für die beiden unterschiedlichen Schlußfolgerungen fragen, bietet sich uns folgende Lösung an. Der eine Mitbewohner sagt: »Jetzt habe ich mich ihr eine Woche lang jeden Morgen beim Kaffeetrinken mit Vor- und Nachnamen vorgestellt. Aber sie weiß immer noch nicht, wie ich heiße, wenn ich sie danach frage.« Der andere Mitbewohner antwortet: »Ich bringe sie morgens immer von ihrem Zimmer zum Aufenthaltsraum. Wenn ich ihr dann einen Arm gebe, schaut sie mich erst überrascht an. Dann lächelt sie meistens. Ich sehe ihr an, daß sie mich erkennt.«

Das Wiedererkennen nutzen

Im letzten Beispiel haben beide Mitbewohner recht. Der eine hat recht, weil er von der Wiedergabe der Information ausgeht. Der andere hat auch recht, weil er vom Wiedererkennen der Information ausgeht. Wenn man von der Wiedererkennung ausgeht, zeigt sich, daß demente Menschen mehr »wissen«. Das gilt sowohl für die Wiedergabe von neu gespeicherten Wahrnehmungen als auch für die Wiedergabe von Wahrnehmungen, die früher einmal gespeichert worden sind.

Kurz gesagt, versuchen Sie lieber über das Wiedererkennen von Informationen anstatt über die Wiedergabe zu erfahren, was eine demente Person noch weiß. Das ist die sechste Leitlinie, die Ihnen den Umgang mit geistig verwirrten älteren Menschen erleichtern soll.

In der Praxis bedeutet dies, daß Sie dementen Menschen eine Frage stellen, in der die richtige Antwort schon enthalten ist, so daß sie diese Frage nur zu bejahen oder zu verneinen brauchen. Oder Sie müssen ihnen zwei Antworten zur Auswahl vorlegen, von denen die eine von vorneherein richtig ist. Und das kann man sprachlich (über das Hören), aber auch mit Bildern und Fotos (also über das Sehen), mit tastbaren Dingen, mit Gerüchen oder mit dem Geschmackssinn erreichen.

Die Sinnesorgane sind verschieden

Die siebte Annahme in bezug auf das Gedächtnis lautet: »Die beschriebenen Vorgänge verlaufen bei jedem Sinnesorgan anders.«

Was ist damit gemeint? Wie soll man sich das vorstellen? Und was bedeutet das für den Umgang mit dementen Personen? Auf die zweite Annahme in bezug auf das Gedächtnis angewandt, bedeutet es: Wenn eine geistig verwirrte Person keine Wahrnehmungen mehr von dem speichert, was sie hört, speichert sie vielleicht noch Wahrnehmungen von dem, was sie betastet. Auf jeden Fall speichert sie noch Wahrnehmungen von dem, was sie schmeckt. Das heißt, daß demente Personen im allgemeinen besser ausdrücken oder wiedergeben können, was sie schmecken und riechen, als was sie sehen und hören. Frau Jansen merkt sich eher, daß die Schwester, die ihr heute beim Anziehen geholfen hat, ein angenehmes Parfüm oder rote Haare hatte, als was sie ihr alles erzählte.

Wenden wir dies auf die dritte Annahme in bezug auf das Gedächtnis an, so bedeutet dies: Wenn es von dem, was eine demente Person einmal gehört hat, keine gespeicherten Wahrnehmungen mehr gibt, gibt es vielleicht noch gespeicherte Wahrnehmungen von dem, was sie gesehen hat. Auf jeden Fall gibt es noch gespeicherte Wahrnehmungen von dem, was sie früher einmal gerochen hat. Das heißt, daß demente Personen im allgemeinen besser ausdrücken oder wiedergeben können, was sie betastet und gerochen haben, als was sie gesehen und gehört haben. Fragen Sie Frau Jansen lieber, was sie am Sonntag bei ihrem Sohn gegessen und nicht, wer noch mit ihr am Tisch gesessen hat.

Auf die vierte Annahme in bezug auf das Gedächtnis angewandt, bedeutet dies: Wenn die Menge der hörbaren Informationen oder Wahrnehmungen, die eine demente Person gleichzeitig speichern kann, nur eine einzige Wahrnehmung ist, beträgt die Verarbeitungsfähigkeit für das, was sie sieht, vielleicht zwei Wahrnehmungen. Auf jeden Fall ist die Verarbeitungsfähigkeit für das, was sie riecht, größer als zwei. Das heißt, daß geistig verwirrte ältere Menschen im allgemeinen die verschiedenen Eindrücke und Wahrnehmungen, die sie gleichzeitig fühlen, leichter speichern und wiedergeben können, als die Eindrücke und Wahrnehmungen, die sie gleichzeitig sehen. Deshalb können Sie Frau Jansen besser danach fragen, was Sie von dem bunten Fasnachtsumzug gesehen hat, als danach, was sie alles an musikalischen Eindrücken gehört hat.

Wenn man die Regel auf die sechste Annahme in bezug auf das Gedächtnis anwendet, heißt das folgendes: Wenn eine demente Person nicht mehr erkennt, was sie hört, erkennt sie möglicherweise immer noch, was sie ertastet. Auf jeden Fall erkennt sie noch, was sie schmeckt. Das heißt, daß demente Menschen im allgemeinen weniger gut wiedergeben bzw. erkennen können, was sie gesehen als was sie gegessen haben. Frau Jansen erkennt ihren Sohn vielleicht eher, wenn sie den auffälligen Ring, den er an seinem Mittelfinger trägt, sieht oder fühlt, als wenn sie ihn sprechen hört.

Wo liegt der Fehler?

Das letzte Beispiel bezieht sich nicht nur auf die siebte Annahme über das Gedächtnis. Es enthält auch Elemente, die bereits bei den anderen Annahmen über das Gedächtnis besprochen wurden. Deshalb ist dieses Beispiel auch eine Geschichte, in der Sie die Fehler suchen sollen.

Heute ist nicht nur viel Betrieb im Stockwerk, in dem die meisten dementen Bewohner des Heims wohnen. Es herrscht auch eine schwere Grippe. Die Oberschwester muß die Arbeit allein machen. Sie hat zwar Hilfe von einer Schwesternschülerin von einem anderen Stockwerk bekommen, aber trotzdem bleibt es Schwerarbeit. Um zwölf Uhr wird gemeinsam zu Mittag gegessen. Es sind vier Bewohner dabei, die aus verschiedenen Gründen beim Essen Hilfe brauchen. Frau Pietsch wohnt auch auf dieser Abteilung. Sie hat kein Sitzfleisch und läuft oft ziellos umher.

Weil die Oberschwester bei der Essensausgabe alle Hände voll zu tun hat, bittet sie die Schülerin, schon mal Frau Pietsch zu suchen und sie zu Tisch zu bitten. Die Schülerin findet sie beim Ausgang und bringt sie zurück auf die Abteilung. Es ist inzwischen halb zwölf. Sie schiebt Frau Pietsch mitsamt ihrem Stuhl an den leeren Tisch und sagt: »Also, Frau Pietsch. In einer halben Stunde wird hier gegessen. Dann sind alle da. Schön, nicht wahr? Und richtig gemütlich.« Kaum ist sie in der Küche, um das Essen zu holen, schon ist Frau Pietsch verschwunden.

Vielleicht wäre es besser gewesen, bis zehn vor zwölf zu warten, wenn der Tisch schon gedeckt ist und Frau Pietsch Teller, Servietten und Besteck sehen kann. Vielleicht wäre es besser, dann zu ihr zu sagen: »Schauen Sie mal, Frau Pietsch, gleich geht's los mit dem Essen.«

Noch vernünftiger wäre es, bis zehn nach zwölf zu warten. Denn dann sind alle schon beim Essen, mit allen Geräuschen und Gerüchen, die dazu gehören. Wenn man es dann noch schafft, daß Frau Pietsch die Suppe kostet, und dabei zu ihr sagt: »Hmmm, man sieht, daß es Ihnen schmeckt«, dann bleibt Frau Pietsch vielleicht auf ihrem Stuhl sitzen.

Jenseits aller Worte

Man erreicht bei einem geistig verwirrten Menschen mehr, wenn man ihm mit entsprechenden Gebärden deutlich macht, daß das Essen auf dem Tisch steht und daß Essen etwas ist, das man mit dem Mund tut, als wenn man lange Reden hält.

Kurz gesagt, verwenden Sie beim Kontakt mit dementen Menschen nicht nur Sprache, sondern sorgen Sie dafür, daß auch Auge und Tastgefühl, Geruchs- und Geschmackssinn angesprochen werden. Das ist die siebte Leitlinie für den Umgang mit dementen Menschen.

Zusammenfassung der Leitlinien

1. Das (eingeschränkte) Gedächtnis dementer Menschen wird durch die gleichen Dinge beeinträchtigt wie Ihr Gedächtnis.
2. Achten Sie darauf, daß das, worüber Sie sprechen, von den Sinnesorganen der betroffenen Person noch erfaßt werden kann.
3. Sprechen Sie lieber über Vergangenes als über Gegenwärtiges.
4. Verwenden Sie möglichst wenig Worte, um möglichst viel zu sagen.
5. Verwenden Sie nicht nur Worte, um deutlich zu machen, was Sie wollen.
6. Fragen Sie lieber so, daß die demente Person etwas erkennen kann und nicht etwas wissen muß.
7. Stellen Sie Kontakte so wenig wie möglich mit Worten und so viel wie möglich mit anderen Sinnesorganen her.

Halt suchen

In diesem Kapitel haben wir die Folgen von Gedächtnisstörungen behandelt. Wir haben darin dargestellt, was dies für die demente Person selbst bedeutet. Wir wollen dies hier noch einmal kurz zusammenfassen: Gedächtnisstörungen zwingen demente Menschen dazu, in der konkreten Wirklichkeit oder in Erinnerungen Halt zu suchen. Sie finden diesen Halt in dem, was sie wahrnehmen und so lange sie es wahrnehmen.

Wenn Sie als Außenstehender den dementen Menschen verstehen und begreifen wollen, müssen Sie ständig darauf achten, daß Sie für ihn über die Sinnesorgane erreichbar sind. Mit anderen Worten: demente Menschen brauchen vor allem Ihre Nähe. Dabei geht es wortwörtlich darum, daß der Abstand so gering wie möglich ist, daß so wenig wie möglich Distanz im Umgang da ist. Es geht dabei um den Kontakt innerhalb einer Armeslänge, um den Kontakt auf einem Quadratmeter. Je weiter Sie sich aus diesem Bereich entfernen, desto mehr verlieren Sie den Kontakt und desto schneller verschwindet der Halt.

Auf der Suche nach Sicherheit und Geborgenheit

Merkt sie wirklich nichts?

Man hat lange gedacht, daß sich die Demenz gewissermaßen außerhalb der Person selbst entwickelt und vollzieht. Man war fest davon überzeugt, daß Frau Jansen nichts davon merkt, daß sie ihren geistigen Verfall nicht bewußt wahrnimmt. Man nahm an, daß sie in ihrer eigenen Welt recht glücklich ist. Und man nahm an, daß die Familienangehörigen mehr leiden als der Patient.

Daß die Familienangehörigen leiden, ist unbestritten. Darüber werden wir im nächsten Kapitel ausführlich sprechen. Aber sonst ist auch hier wieder einmal der Wunsch der Vater des Gedankens; denn daß die betroffene Person nicht leidet, muß sehr wohl bestritten werden.

Vieles weist darauf hin, daß die demente Person während des Verfallsprozesses länger als wir vermuten an dem teilnimmt, was mit ihr geschieht. Es gibt Hinweise dafür, daß nicht nur bei Patienten auf dem Sterbebett oder bei Menschen mit anderen Krankheitsbildern, sondern auch bei dementen Personen von einer gewissen »Bewußtheit« gesprochen werden kann. Mit »Bewußtheit« meinen wir hier, daß der Patient weiß und/oder fühlt, daß merkwürdige Dinge mit ihm geschehen. Es ist mehr als nur Wissen um die Krankheit oder Einblick in die eigene Situation. Den eigenen Verfall zu erleben, ist für jeden Menschen, so wie auch für Frau Jansen, eine problematische Erfahrung.

Dement werden, ist also ein schweres Schicksal, über das man bestimmt nicht leichtfertig reden darf. Demente Menschen reagieren auf das, was sie erleben und fühlen. Dieses Verhalten, zumindest einen Teil davon, nennen wir hier »Bindungsverhalten«. In diesem Kapitel wollen wir zeigen, daß dieses Bindungsverhalten als Äußerung eines durch die Demenz gesteigerten Bedürfnisses nach Sicherheit und Geborgenheit verstanden werden kann.

Im Kapitel »Was genau ist Demenz?« (S. 27 ff.) haben wir gesehen, daß die Störungen, die bei Demenz auftreten, in drei Gruppen unterteilt werden können: die Symptome, deren Folgen und die affektiven Reaktionen darauf. Die demente Person reagiert mit ihrem ganzen Wesen auf das, was mit ihr geschieht. Sie tut das mit ihrem Verstand *und* mit ihrem Herzen.

Im Kapitel »Halt suchen« (S. 50 ff.) haben wir versucht, uns anhand von sieben Annahmen in bezug auf das Gedächtnis eine Vorstellung von den Folgen von Gedächtnisstörungen zu machen. Wir kamen dabei zu der Schlußfolgerung, daß diese Gedächtnisstörungen dazu führen, daß demente Menschen ständig nach Halt suchen. Später haben wir dann erläutert, wie dieser Halt geboten werden kann.

In diesem Kapitel wollen wir besprechen, wie die gleichen Gedächtnisstörungen außerdem dazu führen, daß demente Menschen oft auf der Suche nach Sicherheit und Geborgenheit sind.

≡ Hintergrund: die Bindungstheorie von Bowlby

Um die affektiven Reaktionen auf den fortschreitenden geistigen Verfall besser verstehen zu können, brauchen wir eine Theorie. In diesem Fall ist das die Bindungstheorie von John Bowlby. Bevor wir seine Ideen vorstellen und diese danach auf die Demenz anwenden, wollen wir erst ein paar Worte zur Person Bowlbys sagen.

Nach dem Zweiten Weltkrieg (1940–1945) erhielt der Londoner Familienpsychiater Bowlby von der britischen Regierung und der Weltgesundheitsorganisation den Auftrag, eine Untersuchung über die psychische Entwicklung von Kriegswaisen durchzuführen. Im Krieg hatten viele Kinder einen oder sogar beide Elternteile verloren. Die Frage, in welcher Weise man sich um diese Kinder kümmern sollte und was die Folgen des Verlustes für ihre weitere Entwicklung und ihre Persönlichkeit sein würden, war durchaus gerechtfertigt. Die von Bowlby durchgeführte Untersuchung bildete unter anderem die Grundlage für seine Bindungstheorie, die uns hilft, die Gefühle von

Frau Jansen besser zu verstehen. Im Folgenden wollen wir diese Theorie kurz erklären.

Was ist Bindungsverhalten?

Bindungsverhalten ist jedes Verhalten, das zum Ziel hat, die Nähe einer Bezugsperson zu erlangen bzw. zu erhalten. Kurz gesagt: Bindungsverhalten ist nähesuchendes Verhalten. Die Bezugsperson ist die Person, deren Nähe zeitweise oder ständig gesucht wird. Bei einem normalen Lebenslauf können das die unterschiedlichsten Menschen sein: Eltern, Großeltern, Partner, Onkel, Tanten und (ältere) Kinder, aber auch Freunde und Freundinnen, gute Bekannte, Nachbarn, Arbeitskollegen, Pfleger und Pflegerinnen. Oft ist es auch ein Kumpel vom Militär oder ein Zimmergenosse aus schweren Zeiten oder unter ungewöhnlichen Umständen (zum Beispiel im Krieg). Außer an Personen können Menschen natürlich auch stark an (Haus-)Tieren, ihrem Glauben oder an Plänen und Vorstellungen hängen. Wir wollen uns hier vor allem mit den Eltern als Bezugspersonen beschäftigen. Im Folgenden geben wir einige Beispiele für Bindungsverhalten.

Die Schallmauer

Stellen Sie sich einmal vor, wir wären alle (wieder) junge Eltern und unsere Kinder wären noch klein. Wir laufen um ein Fußballfeld herum. Unsere Kinder spielen ungefähr in der Mitte des Feldes. Ein Düsenjäger fliegt über das Feld und durchbricht plötzlich die Schallmauer. Die Kinder erschrecken. Für uns ist das Geräusch nichts Neues. Wenn wir nach den Kindern sehen, können wir dieses Verhalten beobachten:

Manche Kinder spielen einfach weiter, als sei nichts geschehen. Aber ab und zu wechseln sie doch einen Blick oder ein Wort mit uns. Andere Kinder spielen nicht einfach mehr »schön« weiter: Sie lassen uns nicht mehr aus den Augen. Sie kontrollieren ständig mit Augen und Ohren, ob wir noch da sind. Wieder andere fangen an, zwischen uns und der Mitte des Feldes hin- und herzulaufen. Und einige Kinder laufen ständig hinter uns her und fassen uns immer wieder an. Damit hat die Ruhe der gemütlich plaudernden Eltern abrupt ein Ende. Es sind auch Kinder dabei, die auf uns zu rennen und sich an uns festklammern. Einige fangen sogar laut zu weinen an. Es ist auch ein Kind dabei, das sofort zu rufen, zu weinen, ja sogar zu schreien anfängt.

Bowlby zufolge kann man alle Verhaltensweisen der Kinder in dem genannten Beispiel als Bindungsverhalten bezeichnen. Es sind nur verschiedene Formen der Äußerung von Bindungsverhalten mit unterschiedlicher Intensität. Bei heftigem Gewitter suchen die meisten Menschen die Nähe anderer Menschen. Auch das ist nähesuchendes Verhalten. Eltern, die ihre Kinder dann aus dem Bett holen und mit ihnen gemeinsam am großen Küchentisch warmen Kakao trinken, machen es instinktiv gar nicht mal so schlecht.

Das Erdbeben

Fast jeder kann sich noch an das Erdbeben in San Francisco im Jahre 1988 erinnern, unter anderem wegen der Bilder von den riesigen Trümmerhaufen, die im Fernsehen gezeigt wurden. Aber vor allem, weil vielen das Bild vom weggesackten Teil einer Autobahn, die quer durch die Stadt lief, im Gedächtnis geblieben ist. Zum Zeitpunkt des Erdbebens wurden in der Stadt zahlreiche Kinderpartys gefeiert. Und fast genau so viele Väter waren dabei, das Geschehen für die Nachwelt auf Video festzuhalten. Mit anderen Worten: es existieren zufällig Amateurvideoaufnahmen vom Verhalten der Kinder unter diesen abnormalen Umständen der Panik. Auf diesen Bildern ist außer den Erdstößen gut zu erkennen, wie sich die meisten Kinder sofort an dem Erwachsenen festklammern, der in diesem Moment am nächsten steht. Bowlby würde dies Bindungsverhalten nennen, nähesuchendes Verhalten.

Fremder Besuch

Wenn ein Fremder eine Familie mit kleinen Kindern besucht, tritt manchmal auch Bindungsverhalten auf. Im allgemeinen hat ein Kind kaum Probleme mit fremden Menschen. Das Eis ist meist schnell gebrochen. Wenn das nicht direkt der Fall ist, kann man ein Kind auch nicht zwingen, mit einem Fremden Bekanntschaft zu machen. Früher oder später traut sich das Kind von selbst in die Nähe des Fremden. Aber es kann auch vorkommen, daß keine Annäherung stattfindet. Das Kind geht nicht auf den Fremden ein. Es bleibt in der Nähe seines Vaters oder seiner Mutter. Wo diese hingehen, folgt ihnen das Kind. In einer solchen Situation passiert manchmal folgendes:

Das Kind wagt sich zögernd in die Nähe des Fremden, solange ein Elternteil in der Nähe ist. Solange das Kind den Vater oder die Mutter hören oder sehen kann, traut es sich, auf den Fremden zuzugehen. Dann geht die Mutter in die Küche, um Kaffee zu holen oder einfach nur zur Toilette und verschwindet so aus dem Wahrnehmungsfeld des Kindes. Wenn das Kind sein Ziel nun fast erreicht hat und sich noch ein letztes Mal umdreht, um sich der beruhigenden Anwesenheit der Mutter zu vergewissern, tritt Panik ein, wenn es sie nicht mehr sieht.

Das Verhalten des Kindes in einer solchen Situation ist übrigens ein schönes Beispiel für den Zusammenhang zwischen dem sogenannten »explorativen« (erforschenden) Verhalten und dem Bindungsverhalten. Ein Kind lernt nicht genug und geht nicht genug auf Erkundung aus, wenn es sich nicht sicher fühlt. Ob es sich wirklich sicher fühlt, hängt in der Regel unter anderem vom Verhalten der Eltern ab.

Von der Wiege bis zur Bahre

Bowlby zufolge ist Bindungsverhalten instinktives Verhalten. Das heißt, es ist genauso menschlich wie Essen, Trinken und Sexualität. Es hat auch einen gewissen Überlebenswert. Von großer Bedeutung ist allerdings Bowlbys Behauptung, daß Menschen ihr ganzes Leben lang Bindungsverhalten aufweisen. Die Nähe anderer Menschen suchen, ist nicht ausschließlich das Vorrecht des Kindes. Es ist Verhalten, das unabhängig vom Alter zum Menschen gehört. Ein Mensch kann von der Wiege bis zur Bahre Bindungsverhalten zeigen. Das Verhalten ist nicht typisch für ein bestimmtes Alter, sondern typisch für bestimmte Umstände oder Situationen im Leben. Bindungsverhalten kann das ganze Leben hindurch aktiviert werden. Unter welchen Umständen tritt nun Bowlby zufolge dieses Bindungsverhalten auf?

Wann tritt Bindungsverhalten auf?

Bindungsverhalten tritt meist in Situationen wie den nachfolgend beschriebenen auf. Das heißt, Menschen verhalten sich unter solchen oder ähnlichen Umständen oft nähesuchend. Die Aufzählung ist natürlich unvollständig. Sie kann um zahllose Beispiele ergänzt werden.

Nehmen wir einmal an, Sie erschrecken plötzlich heftig. Es ist ganz normal, daß ein Mensch dann spontan den Namen eines anderen ruft oder schreit. Oder Sie haben Angst, zum Beispiel bei Gewitter. Oder Sie erschrecken bei plötzlichen, abrupten, unerwarteten Bewegungen.

Abrupte Bewegungen

Es lohnt sich, diese Situationen einmal näher zu betrachten. Im vorigen Kapitel haben wir gesehen, daß geistig verwirrte ältere Menschen früher oder später nichts mehr von dem speichern, was sie wahrnehmen. Deshalb ist es notwendig, immer in ihrem Wahrnehmungsfeld anwesend zu sein. Denn, wenn Sie von hinten oder von der Seite kommen, dringen Sie, auch wenn Sie das sehr vorsichtig und langsam tun, meist (zu) abrupt in ihr Wahrnehmungsfeld ein. Wenn Sie ihnen wirklich Halt bieten wollen, müssen Sie darauf achten, daß man Sie erst hört und sieht, bevor Sie näherkommen. So vermeiden Sie die Abruptheit eines plötzlichen Erscheinens und die unangenehmen Gefühle, die dabei auftreten können.

Bei manchen geistig verwirrten älteren Menschen, die morgens viel Hilfe beim Waschen und Anziehen brauchen, bringt gerade dieses morgendliche Ritual eine große Anzahl abrupter Bewegungen mit sich. Das ist vor allem beim Duschen der Fall. In solchen Augenblicken ist aggressives Verhalten nichts anderes als die reine Auflehnung gegen zu viele unangenehme Gefühle gleichzeitig, und zwar in einer Situation, die man nicht mehr beherrscht. Vielleicht haben Sie schon einmal eine Mitbewohnerin schreien und rufen hören, als die Schwestern sie morgens waschen und anziehen wollten.

Im Rollstuhl durch den Raum

Ich bin nicht immer dazu aufgelegt und manchmal vergesse ich es auch, wenn ich eine demente Person im Rollstuhl auf mein Zimmer bringe. Doch meist lege ich meine Hand auf ihre Schulter und sage möglichst oft, daß ich hinter ihr gehe. Denn stellen Sie sich einmal vor, Sie würden in einem Rollstuhl sitzen und keine Wahrnehmungen speichern. Dann bewegen Sie sich durch den Raum, ohne selbst zu steuern und ohne zu wissen, wohin Sie gehen und woher Sie kommen. Schrecken ohne Ende.

In einer fremden Stadt

Nicht nur Erschrecken, Angst oder abrupte Bewegungen aktivieren Bindungsverhalten. Auch in fremden Situationen kann nähesuchendes Verhalten auftreten. Denken Sie nur einmal an den Urlaub. Wenn Sie zum ersten Mal in einer fremden Stadt ankommen, fühlen Sie sich in der Regel weniger wohl und weniger ruhig als nach ein paar Tagen. Meist verschwindet das unangenehme Gefühl in dem Maße, in dem Sie die Umgebung besser kennenlernen. Ein geistig verwirrter Mensch, der zum ersten Mal in eine fremde Stadt kommt und der keine neuen Eindrücke mehr speichert, wird im allgemeinen das unangenehme Gefühl der Unruhe nicht verlieren.

Müde in den Urlaub

Zwischen sechs und halb sieben Uhr abends stehen die meisten Familien unter Druck. Es herrscht Hochspannung. Wenn Vater und Mutter dann auch noch müde von der Arbeit sind, ist es nicht verwunderlich, daß jeder gereizt reagiert. Und wenn man nicht aufpaßt, bricht so ein Streit los. Das kann auch im Auto auf dem Weg zum fernen Urlaubsziel passieren. Ganz abgesehen von der Tatsache, daß man in jeder Hinsicht zu dicht aufeinandersitzt, ist Müdigkeit dann der »ideale« Umstand, um gereizt zu reagieren oder Streit zu suchen.

Was spielt sich in einer solchen Situation mit quengelnden Kindern auf dem Rücksitz ab? Zwei Menschen sind müde und zeigen Bindungsverhalten. Aber ihr nähesuchendes Verhalten wird nicht beantwortet, denn keine der beiden Parteien hat dazu noch die Kraft.

Das Bindungsverhalten bleibt also unbeantwortet. Ärgerlich werden, ist eine mögliche Reaktion darauf. Im folgenden Kapitel werden wir zeigen, daß aggressives Verhalten eine Art ist, mit Verlust umzugehen, und daß dieses Verhalten meist vorübergehender Natur ist.

Welche Bedeutung hat die Bezugsperson?

Diese Beispiele zeigen Ihnen, unter welchen Umständen Bindungsverhalten auftritt, aber auch, was geschehen kann, wenn dieses Verhalten nicht beantwortet wird. Wir haben bereits gehört, daß jemand, der nähesuchendes Verhalten beantwortet, eine Bezugsperson genannt wird. Das Verhalten dieser Person, ihre »Antwort auf die Bitte«, ist von großer Wichtigkeit. Wenn sie nicht erreichbar ist, nicht reagiert, oder aus welchen Gründen auch immer unzugänglich ist, tritt oft zunächst einmal eine Verstärkung des Bindungsverhaltens auf. Zum Beispiel noch intensiver suchen, lauter weinen, noch lauter rufen. Auf die Dauer können dann alle Verhaltensweisen auftreten, die wir auch bei der Verarbeitung von Verlust sehen. Zum Beispiel Bestürzung, Verleugnen, Aggression, Verzweiflung, Schmerz. Und andersherum: Wenn eine Bezugsperson das nähesuchende Verhalten auf befriedigende Weise beantwortet, ist das direkt spürbar. Die Person kommt zur Ruhe.

Kurz gesagt, wenn Menschen sich unsicher fühlen, suchen sie in der Regel die (sichere) Nähe eines anderen. Sie zeigen dann nähesuchendes Verhalten, Bindungsverhalten. Bowlby zufolge wird dieses Verhalten unter den angegebenen Umständen und in den genannten Situationen verstärkt, wenn man allein ist oder sich allein fühlt.

So viel als Einführung in die Bindungstheorie von Bowlby. Vorgreifend auf die Ergebnisse dieses Kapitels wird hier vielleicht schon deutlich, warum wir so ausführlich auf diese Theorie eingehen. Einige Symptome bei dementen Menschen sind besser verständlich, wenn Sie diese Theorie kennen. Sie können das Verhalten von Frau Jansen möglicherweise besser verstehen, wenn Sie davon ausgehen, daß sie durch die Demenz mit Problemen konfrontiert wird, die Gefühle der Unsicherheit hervorrufen. Vielleicht verstehen Sie sie besser, wenn Sie wissen, daß sie oft auf alle möglichen Arten auf der Suche nach Sicherheit und Geborgenheit ist. Daß sie gewissermaßen mit dem Verstand Halt sucht, haben wir bereits im vorigen Kapitel gesehen. Vielleicht ist Frau Jansen auch mit ihrem Herzen auf der Suche nach Sicherheit und Geborgenheit. Wir kehren jetzt von der Bindungstheorie von Bowlby wieder zum konkreten Verhalten dementer Menschen zurück.

☰ Wo sind meine Eltern?

Elternfixierung

Wer demente Menschen kennt, hat schon einmal folgendes miterlebt: Sie gehen nach Hause oder wollen nach Hause gehen. Sie wollen zu ihren Eltern oder sie gehen einfach. Und niemand kann sie daran hindern. Sie erzählen Ihnen, daß sie das Bedürfnis haben, daß ihre Eltern sich um sie kümmern und ihnen Aufmerksamkeit schenken. Oder daß sie sich Sorgen über ihre Eltern machen. Sie glauben, daß sie wieder im Elternhaus sind. Manchmal verhalten sie sich genau so, wie ihre Eltern das von ihnen erwarten. Sie drohen manchmal auch mit ihren Eltern: »Wenn mein Vater wüßte, daß man mich hier festhält...« Manche sind den ganzen Tag auf der Suche nach ihren Eltern. Es kommt regelmäßig vor, daß sie wissen wollen, wo ihre Eltern sind oder wie es ihnen geht.

Dieses Verhalten tritt natürlich nicht bei jedem dementen Menschen auf. Die eine Person zeigt dieses Verhalten in stärkerem Maße als die andere. Manchmal tritt es überhaupt nicht oder stark wechselhaft auf. Morgens nie und mittags immer, oder heute nicht und morgen doch. Manchmal erkennt man es erst, wenn man sich bei dementen Menschen nach ihren Eltern erkundigt.

Mit anderen Worten: Früher oder später nehmen demente Menschen an, daß ihre Eltern noch leben, obwohl das nicht mehr der Fall ist. Vereinfachend nennen wir dieses Verhalten »Elternfixierung«.

Elternorientierung

Im Gespräch mit alten Menschen, die nicht dement sind, zeigt sich schnell, daß bei ihnen Elternfixierung selten vorkommt; und wenn, dann meist nur kurzfristig. Wir werden später in diesem Kapitel darauf zurückkommen. Die meisten alten Menschen erzählen aber, daß sie, wie jüngere Menschen ohne Eltern das auch regelmäßig tun, viel an ihre Eltern denken müssen. Manche reagieren sehr emotional. Dieses Verhalten nennen wir kurz »Elternorientierung«. Damit meinen wir, daß an die Eltern gedacht wird, daß man aber gleichzeitig weiß, daß diese gestorben sind.

Im Gespräch mit geistig verwirrten älteren Menschen in der ersten Phase der Demenz zeigt sich, daß viele keine oder kaum Elternfixierung aufweisen. Elternorientierung dagegen kommt oft vor. Sie erzählen nicht nur, daß sie regelmäßig an ihre Eltern denken, sondern auch, daß ihre Eltern ihnen sehr fehlen. Manchmal fangen sie dann sogar zu weinen an.

In diesem Kapitel wollen wir zunächst zeigen, daß das Thema »Eltern« in der Erlebniswelt alter Menschen, ob sie nun dement sind oder nicht, etwas darüber aussagt, wie sie sich unter den gegenwärtigen Umständen fühlen. Zweitens möchten wir zeigen, daß sowohl Elternfixierung als auch Elternorientierung aus Unsicherheit entstehen kann. Beide Formen sind als Bindungsverhalten zu verstehen, als eine Form von nähesuchendem Verhalten, durch das ein Gefühl der Sicherheit und Geborgenheit vermittelt werden kann.

Drittens wollen wir in diesem Kapitel drei Erklärungen für das Auftreten von Elternfixierung bei (dementen) alten Menschen geben. Dadurch wird es möglich, im Umgang mit diesen Menschen selbst herauszufinden, was man noch tun kann. Im vorigen Kapitel haben wir aus den Annahmen in bezug auf das Gedächtnis Leitlinien für den Umgang ableiten können. In diesem Kapitel können wir aus den drei Erklärungen ebenfalls Leitlinien für den Umgang mit geistig verwirrten älteren Menschen ableiten.

Bevor wir Erklärungen für Elternfixierung suchen, wollen wir zunächst einmal versuchen, den Begriffen »Elternorientierung« und »Elternfixierung« Hand und Fuß zu geben. Wir tun dies anhand von Aussagen von und Erfahrung mit alten Menschen. Zunächst geben wir einige Beispiele von alten Menschen aus einem Altersheim. Danach folgen Beispiele von alten Menschen aus der Poliklinik. Und zuletzt nennen wir Beispiele aus einem Pflegeheim für demente alte Menschen.

Beispiele aus dem Altersheim

Frau Erkens denkt manchmal an ihre Eltern. Aber nicht täglich. Sie denkt dabei eigentlich mehr an ihre Jugend als an ihre Eltern. Sie möchte übrigens lieber über die Gegenwart als über die Vergangenheit reden. Sie lebt mehr in der heutigen Zeit, findet sie.

Frau Daniel gibt lebhaft zu, daß sie jeden Tag einmal an ihre Eltern denkt. Frau Cartens sagt, daß sie eigentlich ständig an ihre Mutter denkt. Wenn wir im Gespräch auf ihre Mutter kommen, fängt sie sofort zu weinen an.

Frau Zimmermann denkt oft an ihre Eltern. Sie denkt vor allem an ihren Vater, sagt sie. Wenn sie über ihn spricht, kommen ihr die Tränen. Je älter sie wird, sagt sie, desto öfter muß sie an ihre Eltern denken. Sie erinnert sich auch immer mehr an früher.

Herr Albers denkt tagtäglich an seine Eltern. Er kann den Gedanken daran einfach nicht verdrängen. Er hat noch mit niemandem darüber gesprochen, gibt er zu. Jetzt, wo er endlich doch über seine Eltern spricht, fließt ihm das Herz über.

Beispiele aus der Poliklinik

Ich bitte Frau Rademaker, mir einige Beispiele von Momenten zu nennen, in denen sie an ihre Eltern denken muß. Sie antwortet: »Kürzlich hat wieder einmal ein Enkel von mir geheiratet. Da habe ich gedacht: ›Das hätten meine Eltern noch erleben müssen.‹ Mein Vater war ein sehr fröhlicher Mann. Und hier, wo ich jetzt bin, sind viele fröhliche Leute. Dann denke ich manchmal: ›Die Leute hier ähneln alle meinem Vater.‹ Ich muß auch manchmal bei Geburtstagen oder anderen Familienfeiern an ihn denken. Nein, ich habe überhaupt kein Heimweh nach meinen Eltern. Ich habe übrigens auch keine Photos oder Andenken mehr von ihnen. Ach ja, sie kommen mir auch manchmal in den Sinn, wenn ich denke: ›Das gab's früher nicht.‹ Zum Beispiel solch ein schönes Haus, oder die schönen Kleider, die man heute kaufen kann.«

Frau Karremann sagt: »Ja, ich denke manchmal an meine Eltern. Es kommt selten vor, nur ab und zu. Es muß dann schon etwas Besonderes passiert sein. Dann denke ich manchmal: ›Da hätten sie dabei sein müssen.‹«

Frau Maier denkt noch oft an ihre Eltern, sagt sie: »Ich habe liebe Eltern gehabt. Ich war die Älteste von zwölf Kindern. Da mußte man schon kräftig zupacken. Aber ich habe es immer schön gehabt. Mutter sang immer. Und das vergißt man sein ganzes Leben lang nicht.«

Herr Schneider weiß, daß seine Eltern gestorben sind, als er noch »ein kleiner Junge« war. Er findet es selbstverständlich, daß er oft an sie denkt. »Das ist doch logisch, wenn man allein ist.«

Frau Dalem antwortet auf meine Frage, ob sie manchmal an ihre Eltern denkt: »Aber natürlich. Man braucht sie doch eigentlich immer für ein bißchen Trost und ein kleines Schwätzchen.«

Frau Reinsberg: »Ja natürlich denke ich immer an sie. Ich hätte sie so gern noch bei mir. Ich habe mein ganzes Leben lang zu Hause bei meinen Eltern gewohnt. Das sagt Ihnen wohl genug, nicht wahr? Ich bin ein verwöhntes Kind.«

Frau Schelen weint, als sie zugibt, daß sie oft an ihre Eltern denkt. »Ich hatte wirklich gute Eltern. Ich vermisse sie sehr. Ich hänge einfach sehr an meiner Mutter. Manchmal ist es, als wenn sie noch leben würden. Ich war immer bei ihnen. Ich wollte, sie wären noch da.«

Frau Weinsberger denkt täglich an ihre Eltern. »Immer wenn ich traurig bin. Oder wenn ich denke: ›Am liebsten würde ich jetzt meine

Mutter um Rat fragen.‹ Schauen Sie mal, ich hab' noch ein Bild von ihr. Und ich habe die Gewohnheit, immer wenn ich daran vorbei gehe, ihr Gesicht zu streicheln. ›Ich wollte, ich hätte dich noch‹, denke ich dann oft.«

Auch Frau Schröder weiß sehr gut, daß ihre Eltern nicht mehr leben. Sie denkt oft an ihre Eltern. »Weil ich zwischendurch viel allein bin. ›Mutter, ich wollte, ich hätte dich noch‹, sage ich dann laut, wenn mich etwas bedrückt. Oder ›Mutter, ich wollte, du wärst noch da.‹« Sie fängt heftig zu weinen an. »Ach, sehen Sie, ich bin nunmal kein Kirchengänger«, erklärt sie.

Herr Mann sagt, daß er oft an seine Eltern denken muß. »Aber nicht immer. Ungefähr einmal in der Woche. Das eine Mal stärker als das andere. Es gibt Tage, an denen ich überhaupt nicht an sie denke. Aber es gibt auch Tage, ….«

Beispiele aus dem Pflegeheim

Frau Zürcher sagt, daß ihre Mutter nicht mehr da ist, aber daß ihr Vater noch lebt. Sie sagt auch, daß es ihm nicht so gut geht. Sie glaubt, daß das Alter schuld daran sei. Ich frage sie, ob sie manchmal noch an ihre Mutter denkt. »Ja, sogar täglich. Ich vermisse sie auch manchmal. Sie hat immer gut für uns gesorgt. Ich habe ein gutes Gefühl dabei, wenn ich an sie denke. Ich hätte sie immer noch gern um mich herum. Ich vermisse sie sehr.«

Frau Braun war sich manchmal – das heißt, manchmal schon und dann wieder nicht – der Tatsache bewußt, daß ihre Eltern schon lange verstorben waren. Sie antwortet auf meine Frage, ob sie noch manchmal an sie denke, ganz entschieden: »Immer. Seine Eltern vergißt man doch nie. An die erinnert man sich doch immer. Bis zum letzten Atemzug.«

Herr Kempe antwortet beim ersten Mal auf meine Frage, ob seine Eltern gestorben seien: »Mein Vater ist schon 1976 gestorben. Meine Mutter lebt noch. Sie wohnt auch hier.« Und beim zweiten Mal: »Meine Mutter lebt noch. Aber halten Sie das bitte geheim.«

Über Frau Reichwein finde ich im Pflegebericht die folgende Notiz von einer Pflegerin: »Jeden von uns, der sich um sie kümmert, nennt sie ›Papa‹ oder ›Mama‹. Wenn wir ihr keine Aufmerksamkeit schenken, ist sie sehr traurig.«

Eine erste Erklärung für Elternfixierung

Einen ersten Anhaltspunkt für die Entstehung von Elterfixierung finden wir bei der dritten Annahme in bezug auf das Gedächtnis im vorigen Kapitel. Wir haben dort gesehen, daß mit zunehmendem Alter die Anzahl der früher gespeicherten Wahrnehmungen abnimmt. Zu einem bestimmten Zeitpunkt ist dann von den Wahrnehmungen, die früher einmal gespeichert wurden, keine mehr übrig.

Es ist gut vorstellbar, daß sich dieser Prozeß rückwärts fortsetzt. Auf diese Weise kann es dazu kommen, daß die vom Tod der Eltern gespeicherten Wahrnehmungen verschwinden. Wenn dieser Fall eintritt, weiß es Frau Jansen einfach nicht besser. »Meine Eltern gestorben? Wie kommt ihr bloß auf so etwas!« Sie können behaupten, was Sie wollen, nichts hilft. Frau Jansen bleibt dabei, daß ihre Eltern noch leben. Mit allen möglichen Folgen: Sie hört nicht auf, ihre Eltern zu suchen, sie bleibt unruhig, traurig und ängstlich. Diese Erklärung für die Entstehung von Elternfixierung bietet uns für den Umgang mit einer geistig verwirrten Person nur wenig oder sogar überhaupt keine Perspektiven.

Auf dem Weg zur zweiten Erklärung für Elternfixierung

Einen zweiten Anhaltspunkt für die Entstehung von Elternfixierung finden wir bei der zweiten Annahme in bezug auf das Gedächtnis im vorigen Kapitel. Wir haben dort gesehen, daß im Laufe der Jahre immer weniger Wahrnehmungen von neuen Eindrücken gespeichert werden. Von einem bestimmten Zeitpunkt an werden überhaupt keine Wahrnehmungen mehr gespeichert. Wir wollen uns einmal in eine solche Situation hineinversetzen und festzustellen versuchen, wie man sich dann fühlt. Wie reagieren Menschen dann emotional, also mit ihrem Herzen und nicht mit ihrem Verstand?

Aus den Beispielen zur Illustration dieser zweiten Annahme in bezug auf das Gedächtnis (siehe Seite 59 ff.) können wir ableiten, daß die demente Person in einen Zustand gerät, in dem sie keine Kontinuität erfährt. Dadurch wird es von Tag zu Tag schwerer, sich an Personen und Orte zu gewöhnen. Die demente Person wird mehr oder weniger heimatlos.

Heimatlos

Abends im Konzertsaal, viertel nach acht, wird Ihnen bewußt, daß Sie sich schrecklich haben eilen müssen, um rechtzeitig da zu sein. Und gleichzeitig hoffen Sie, daß nachher, wenn Sie wieder nach Hause kommen, in der Küche nicht noch der Abwasch auf Sie wartet.

Wählen Sie einmal, wie in diesem Beispiel, einen willkürlichen Augenblick in der Zeit. Da Sie sehr wohl Wahrnehmungen speichern, bleiben Sie mit dem, was war und mit dem, was kommt, verbunden. Sie tun in diesem Augenblick etwas, aber gleichzeitig können Sie sich, wenn Sie dies wünschen, mit dem verbunden fühlen, was hinter Ihnen und was vor Ihnen liegt. Sie erfahren sich selbst im Kontinuum der Zeit, die sowohl das Heute als auch das Gestern und das Morgen umfaßt, Gegenwart, Vergangenheit und Zukunft.

Diese Kontinuität sorgt ständig für erkennbare Situationen und bildet sozusagen die Kulisse Ihres Lebens. Wenn keine Wahrnehmungen gespeichert werden, wird auch keine Kontinuität erfahren. In einer solchen Situation fühlt sich ein dementer Mensch immer weniger mit Personen oder Orten verbunden. Wie Frau Jansen kann sich ein geistig verwirrter Mensch unter solchen Umständen nicht mehr binden, auch wenn er nichts lieber möchte. Ein dementer Mensch lebt in einer Art Niemandsland. Er fühlt sich ständig von den andern und seiner Umgebung getrennt.

Wie wir bereits oben gesehen haben, sucht ein geistig verwirrter älterer Mensch selbstverständlich wegen der Gedächtnisstörungen Halt. Sobald er diesen Halt verliert, ist er buchstäblich völlig haltlos. Wenn er keine Wahrnehmungen mehr speichern kann, besteht der Halt nur, solange er den Halt wahrnimmt, ihn zum Beispiel fühlt. Ist er wieder ohne Halt, dann ist dieser Halt für ihn auch nie dagewesen und er muß wieder neu Halt suchen. Auf die Dauer kann er nicht einmal mehr erkennen: »Ach, da ist ja mein Halt wieder!« Er wird langsam heimatlos.

Haltlos

Deshalb sind die Klagen von Familienangehörigen, Mitbewohnern und Pflegepersonal so gut verständlich, wenn eine geistig verwirrte Person ständig hinter ihnen herläuft, sich auf alle möglichen Arten an sie klammert und ihnen keine Minute Ruhe gönnt. »Ich komme den ganzen Tag zu nichts anderem.« – »Ich bin von morgens früh bis abends spät damit beschäftigt.« – »Das macht mich langsam kaputt.« – »Das frißt einem die Nerven weg. Sie laufen wie junge Hunde hinter einem her.« Man kann sich dieses Heimatloswerden auch auf eine andere Art vorstellen. Wenn Frau Jansen weiterleben muß, ohne neue Wahrnehmungen speichern zu können, wird sie sich immer mehr von allem getrennt und von jedem im Stich gelassen fühlen. Sie erkennt niemanden, auch ihre Mitbewohner nicht mehr. Sie fühlt sich immer öfter mutterseelenallein. Sie fühlt sich haltlos. Dieses unangenehme Gefühl beunruhigt Frau Jansen stark. Sie steht auf, schaut verärgert ihren Mann an, der bis jetzt treu, aber traurig neben ihr gesessen hat, wird böse und geht weg, um ihn zu suchen. »Wie kann sie nur böse auf mich werden? Ich liebe sie doch noch immer.« fragt er sich.

Unsicherheit

Der Vollständigkeit halber sei hier gesagt, daß wir immer noch dabei sind, eine zweite Erklärung für das Entstehen von Elternfixierung bei dementen Menschen zu suchen. Diese zweite Erklärung könnte sein, daß der Zustand der Heimat- und Haltlosigkeit in diesen Menschen Gefühle der Unsicherheit hervorruft. Mit anderen Worten, daß demente Menschen keine neuen Eindrücke oder Wahrnehmungen mehr speichern, läßt sie nicht unberührt. Es ist keineswegs etwas, das sich außerhalb ihrer selbst vollzieht und woran sie unbeteiligt bleiben. Sie reagieren emotional darauf. Sie fühlen – und aus Erfahrung kann ich sagen: länger als wir zu denken geneigt sind –, daß merkwürdige Dinge mit ihnen passieren. Wie bei Patienten mit anderen Krankheiten kann man also von einer gewissen Bewußtheit sprechen. Mit anderen Worten: Es ist vorstellbar, daß eine demente Person, die keine Wahrnehmungen mehr speichert, sich heimatlos fühlt. Das verursacht bei ihr, wie bei jedem anderen Menschen, ein Gefühl der Unsicherheit. Und wer sich unsicher fühlt, geht in der Regel und aus der Natur der Sache auf die Suche nach Sicherheit und Geborgenheit.

Auf der Suche nach Sicherheit

Wer sich unsicher fühlt, geht mit seinem nähesuchenden Verhalten auf die Suche nach Bezugspersonen. Und jeder macht das auf seine eigene Weise. Der geistig verwirrte ältere Mensch muß eine Leere überwinden und einen Zustand, in dem er sich von allen getrennt fühlt. Es geht für ihn dabei um eine bedrohliche und in manchen Fällen sogar lebensbedrohende Situation; eine Situation, die sehr stark der Verlustverarbeitung ähnelt.

Wenn wir von Verlustverarbeitung sprechen, wollen wir uns an erster Stelle mit dem Verhalten und den Gefühlen befassen, die damit zusammenhängen. Zum Beispiel: Zweifel, Bestürzung, Nichtwahrhabenwollen, Aggression, Angst, Trauer, Verzweiflung. Daneben spielen Faktoren eine Rolle, die den allgemeinen Prozeß der Verlustverarbeitung beeinflussen. Zum Beispiel die Art und Weise, in der früher Probleme gelöst wurden, oder altes Leid.

Im folgenden Kapitel, in dem wir darüber sprechen, wie die Familienangehörigen alles verarbeiten, werden diese beiden Aspekte ausführlich behandelt. Hier an dieser Stelle wollen wir festhalten, daß jeder demente Mensch das Gefühl der Unsicherheit auf ganz persönliche Weise verarbeitet. Wie er das tut, hängt von seinem individuellen Lebenslauf und von seiner Persönlichkeit ab.

Die zweite Erklärung für Elternfixierung

Während der geistige Verfall fortschreitet, fühlen demente Menschen oft länger als wir glauben, daß merkwürdige Dinge mit ihnen geschehen. Sie reagieren sehr wohl auf das, was mit ihnen geschieht. Die Krankheit vollzieht sich nicht außerhalb ihrer selbst. Weiter vorn haben wir angeführt, daß diese Bewußtheit Bindungsverhalten, also nähesuchendes Verhalten hervorruft. Die zweite Erklärung für das Entstehen von Elternfixierung schließt an diesen Punkt an.

Wenn das Suchen nach Bezugspersonen nicht zum Erfolg führt, können demente Menschen auf Personen zurückgreifen, die bei ihren Bindungserfahrungen eine Rolle gespielt haben. In der Regel handelt es sich bei diesen Personen um ihre Eltern. Dieses Suchen führt aber leider nie zu einem dauerhaften Ergebnis, wenn keine Wahrnehmungen mehr gespeichert werden. Wir nennen hierfür zwei Beispiele.

Frau Bosch

Eines Tages sagte Frau Bosch zu mir: »Vater und Mutter leben noch. Wir wohnen noch alle zusammen zu Hause. Vater ist Frisör, Sie kennen ihn bestimmt. Er ist schon über neunzig. Und Mutter ist fast neunzig.« Da sie nie ein Geheimnis daraus gemacht hatte, daß sie selbst schon neunzig war, stellte ich ihr eine Frage, die ich sonst nie stelle. Ich fragte sie, wie alt sie sei. Als sie »neunzig« sagte, bestätigte ich, daß sie wirklich so alt sei, sagte aber auch, daß ihr Vater dann doch mindestens hundertzehn sein müsse. Energisch antwortete sie, daß ihr Vater nie so alt sein könne und auch überhaupt nicht so alt geworden war; sie beharrte aber darauf, daß er noch lebte. »Und Mutter übrigens auch noch«, fügte sie trotzig hinzu. Ich schwieg einen Moment. Danach schob ich den Tisch, der zwischen uns stand, zur Seite und schob meinen Stuhl neben den ihren. Ich schaute ihr in die Augen, nahm ihre Hände in die meinen und sagte, daß ich den Eindruck habe, daß sie manchmal traurig sei. Sie bestätigte das. »Ja«, sagte sie, »ich bin sehr traurig.« Ich fragte sie, was sie genau fühle, wenn sie traurig sei. Daraufhin fing sie zu weinen an und sagte: »...daß Vater nicht mehr lebt, ich vermisse ihn so sehr.«

Herr Fuchs

Im Laufe eines Gesprächs mit Herrn Fuchs entwickelt sich ein enger Kontakt. Dabei sucht er ständig meine Nähe und hält sich immer kräftiger an mir fest. Zu Beginn unseres Gesprächs glaubt er, daß seine Eltern noch am Leben sind. Er sagt auch, daß es ihnen sehr gut gehe. »Sie sind immer noch ganz rege. Ich besuche sie jede Woche.« Schließlich erzählt er mir, daß seine Mutter ihm näher steht als sein Vater und fängt an zu weinen. »Ich war jeden Tag mit ihr zusammen. Ich konnte alle meine Probleme mit ihr besprechen. Vater lebte sein eigenes Leben.« Später antwortet Herr Fuchs auf meine Frage, ob er glücklich sei: »Manchmal ja, manchmal nein. Ich denke noch oft an meine Mutter. An alles, was sie mitmachen mußte. Vor allem wegen meinem Vater.« Als ich ihn dann tröste, weil er traurig wird, behauptet er am Ende des Gesprächs mit großem Nachdruck, daß seine Eltern nicht mehr leben. »Die sind alle beide gestorben.«

Bezugsperson

In beiden Fällen handelt es sich zunächst um Elternfixierung, die jedoch später der Erkenntnis weicht, daß die Eltern wirklich gestorben sind. Diese Umkehr erfolgt in dem Augenblick, in dem nähesuchendes Verhalten auftritt oder in dem das nähesuchende Verhalten beantwortet wird. Zu Anfang klammern Frau Bosch und Herr Fuchs sich sozusagen an ihren Eltern fest. Schließlich lassen sie diese los und klammern sich an denjenigen, der sie tröstet und der in ihrer unmittelbaren Nähe ist.

Mit anderen Worten: Wenn Sie sich im Umgang mit einer dementen Person wie eine Bezugsperson verhalten, kann die Elternfixierung verschwinden und der »Erkenntnis« weichen, daß die Eltern doch gestorben sind. In einem solchen Augenblick kann ihr geistig verwirrter Mitbewohner zur Ruhe, zu sich selbst kommen. Auf diese Weise können Sie viel für ihn bedeuten.

Wenn keine Wahrnehmungen mehr gespeichert werden, bedeutet das folgendes: Wenn Sie aus dem Wahrnehmungsfeld von Frau Jansen verschwinden, kehrt ihre Elternfixierung zurück. Und nicht nur die Elternfixierung, sondern auch alle Verhaltensweisen, die damit zusammenhängen. Zum Beispiel das Suchen, die Unruhe, die Angst und die Trauer. Auf jeden Fall hat das, was Sie tun, einen günstigen Einfluß auf Frau Jansen, solange Sie sich in ihrem Blickfeld befinden. Es handelt sich hier also um eine emotionale Erklärung für Elternfixierung, die für den Umgang mit dementen Personen jedenfalls vorübergehend eine Perspektive bietet.

Die dritte Erklärung für Elternfixierung

Eine dritte Erklärung für die Entstehung von Elternfixierung finden wir in den Aussagen von dementen Menschen selbst, wenn wir uns eingehender mit ihrer Elternorientierung beschäftigen. Wir haben unter anderem anhand von Beispielen festgestellt, daß alte Menschen genau wie andere Menschen auch an ihre Eltern denken bzw. denken müssen. Bei alten Menschen kommt es darüber hinaus regelmäßig vor, daß sie ihre Eltern vermissen. Sie deuten meist selbst an, wann dies der Fall ist. Und zwar ist dies oft in Situationen der Fall, in denen kleinere oder größere Verlusterfahrungen gemacht werden. Also kann man Elternorientierung ebenso wie Elternfixierung in diesem Zusammenhang als nähesuchendes Verhalten bezeichnen, als eine Form von Bindungsverhalten in Situationen, die Gefühle der Unsicherheit hervorrufen.

Es zeigt sich auch, daß Elternorientierung stärker ist, je stärker die Verlusterfahrung ist. Schließlich fällt auf, daß alte Menschen mit einer starken Elternorientierung manchmal glauben, ihre Eltern würden noch leben. Vor allem in Augenblicken, in denen keine andere Bezugsperson für sie erreichbar ist. Mit anderen Worten: Alte Menschen können manchmal zeitweise Elternfixierung aufweisen, und zwar in Augenblicken, in denen sie es besonders schwer haben, ohne daß jemand da ist, auf den sie sich verlassen oder auf den sie zurückgreifen können. Nehmen wir einmal folgendes Beispiel:

Frau Adrian muß plötzlich ins Krankenhaus. Ihr Mann lebt nicht mehr, ihre Zimmernachbarin ist wieder einmal unterwegs, ihre älteste Tochter ist in Urlaub und die Schwestern sind fast alle schon nach Hause gegangen. In einem solchen Augenblick kann Frau Adrian so stark nach ihren Eltern verlangen, daß sie gewissermaßen ihre Anwesenheit fühlt. Wenn Sie oder das Pflegepersonal im Krankenhaus ihr Verhalten verstehen und ihr genügend Aufmerksamkeit widmen und sie beruhigen, verschwindet diese Anwesenheit der Eltern wieder. In diesem Falle hat das, was Sie tun, dauerhaft eine günstige Auswirkung, da alte Menschen, die nicht dement sind, neue Wahrnehmungen immer noch speichern. Sie erinnern sich an das, was Sie getan haben. Diese Erklärung für das Entstehen von Elternfixierung bietet für den Umgang mit alten Menschen eine Perspektive, die nicht nur vorübergehend ist. Elternfixierung in diesem Zusammenhang weist auf Trauerverhalten hin.

Ein kurzer Rückblick

Das Thema »Eltern« in der Erlebniswelt älterer Menschen, ob sie nun dement sind oder nicht, macht offensichtlich etwas über ihre Gefühle in einem bestimmten Augenblick deutlich. Sowohl Elternorientierung als auch Elternfixierung kann nähesuchendes Verhalten sein, mit dem ein Gefühl der Sicherheit und Geborgenheit gewonnen werden soll. Die drei genannten Erklärungen machen das Vorkommen von Elternfixierung bei (dementen) alten Menschen verständlich. Sie ermöglichen es Ihnen, im Umgang mit (dementen) alten Menschen selbst herauszufinden, um welche Erklärung es sich handelt und selbst festzustellen, was Sie noch tun können. So wie die Annahmen in bezug auf das Gedächtnis zu Leitlinien für den Umgang mit verwirrten älteren Menschen geführt haben, führen auch die Erklärungen für Elternfixierung zu solchen Empfehlungen.

≡ Drei Empfehlungen für den Umgang mit dementen Menschen

Wenn Frau Jansen oder eine andere geistig verwirrte Person auf sie zukommt, nach Hause will, ängstlich ist oder beunruhigt wirkt, sie vielleicht fragt, wo ihre Eltern sind und sich an Ihnen festklammert, wissen Sie noch nicht genau, was los ist. In diesem Fall ist es vernünftig, zunächst einmal nicht die Bemerkung zu machen, daß sie doch wohl wisse, daß ihre Eltern schon lange tot sind. Wichtiger ist, sich zunächst einmal bewußt zu machen, was diese Person in diesem Augenblick fühlt. Da ihr Verhalten Bindungsverhalten oder nähesuchendes Verhalten sein kann, sollte es zunächst mit fürsorglichem Verhalten beantwortet werden.

Im allgemeinen wissen Sie von selbst, was Sie dann tun müssen. Sie wissen genau, was Sie fühlen, wenn Sie sich bei jemandem sicher fühlen. Sie wissen auch, wie Sie einem anderen diese Sicherheit und Geborgenheit vermitteln können. Im allgemeinen weiß jeder aus Erfahrung, wie man jemandem ein Gefühl der Geborgenheit und Vertrautheit gibt. Fast jeder hat für dieses Verhalten auch ein eigenes Wort. Der eine nennt es »versorgen«, der andere »beruhigen«. Einer spricht von »Wärme geben«, ein anderer von »trösten«. Und was der eine »jemandem beistehen« nennt, heißt beim anderen »Geborgenheit geben« usw.

Mit anderen Worten: Versuchen Sie, Elternfixierung in erster Linie immer mit einer Form von nähevermittelndem Verhalten zu beantworten. Das Verhalten von Frau Jansen kann nämlich bedeuten, daß sie Sicherheit und Geborgenheit sucht, weil sie sich in einem Niemandsland befindet und sich heimatlos fühlt. Beobachten Sie einmal, in welcher Weise sich Frau Jansen und ihr Verhalten daraufhin verändern. Aufgrund der drei Erklärungen für Elternfixierung kann sich ihr Verhalten nun folgendermaßen entwickeln: Die Elternfixierung verschwindet, sie verschwindet für kurze Zeit oder sie verschwindet gar nicht.

Wenn Elternfixierung nicht verschwindet, auch wenn Sie lange trösten

Wenn Frau Jansen auf Sie zukommt, nach Hause will, ängstlich oder unruhig dreinschaut, Sie fragt, wo ihre Eltern geblieben sind und sich an Sie klammert, fangen Sie am besten damit an, sie zu trösten.

Wenn sich ihr Verhalten auch nach einiger Zeit nicht ändert und die Elternfixierung nicht verschwindet, handelt es sich wahrscheinlich um die erste Erklärung für Elternfixierung. Wahrscheinlich sind keine Wahrnehmungen vom Tod ihrer Eltern mehr in ihrem Gedächtnis gespeichert. Für sie steht fest, daß sie noch am Leben sind. Sie können Frau Jansen gewissermaßen alle möglichen Arten des Trostes und der Sicherheit bieten, über die Sie verfügen, Frau Jansen wird sich durch nichts beruhigen lassen. Sie wird auch weiterhin in ihrer Ängstlichkeit und inneren Unruhe nur nach Hause wollen. Sie wird nicht aufhören, ihre Eltern zu suchen, bis sie schließlich, todmüde vom Laufen, nicht mehr kann. Sie wird für Sie unerreichbar bleiben, was auch immer Sie versuchen. In diesem Fall liegt es nicht an Ihrer Art, mit der dementen Person umzugehen, daß es Ihnen nicht gelingt, sie zu erreichen. Sie können überhaupt wenig oder nichts tun. Sie behalten dabei aber meist ein unangenehmes Gefühl, das nicht schnell vorübergeht.

Wenn Elternfixierung verschwindet, solange Sie trösten

Frau Jansen kommt auf Sie zu, will nach Hause, schaut ängstlich oder unruhig drein, fragt, wo ihre Eltern geblieben sind und klammert sich an Ihnen fest. Wenn Sie dann beginnen, sie zu trösten, kann es passieren, daß sich ihr Verhalten ändert und ihre Elternfixierung verschwindet. Wenn es wiederkommt, sobald Sie weggehen, ist ihr Verhalten vermutlich auf die zweite Erklärung für Elternfixierung zurückzuführen. Es werden wahrscheinlich keine neuen Eindrücke und Wahrnehmungen mehr gespeichert. Ohne Halt und ohne eine Bezugsperson in der Nähe fühlt sie sich unsicher und glaubt, daß ihre Eltern noch leben. Wenn Sie ihr dann in irgendeiner Weise Halt, Sicherheit und Geborgenheit bieten können, kann sie die Eltern »loslassen« und fühlt sich beruhigt. Genau wie im Beispiel von Frau Bosch und Herrn Fuchs.

Die Sicherheit, die Sie ausstrahlen, hilft Frau Jansen, sich beruhigt zu wissen und zu fühlen. Ihre Angst verschwindet, sie wird ruhig und sie möchte nicht mehr nach Hause zu ihren Eltern. Sie will auch nicht mehr wissen, wo ihre Eltern sind. Sie sagt vielleicht sogar »Die sind gestorben«. Oder sie gibt zu, daß sie sie sehr vermißt. Sobald Sie jedoch aus ihrem Wahrnehmungsfeld verschwunden sind, fängt die Suche nach ihren Eltern und das ganze Verhalten, das damit zusammenhängt, wieder von neuem an. Frau Jansen ist also zeitweise erreichbar, nämlich so lange sie Sie hört, sieht, fühlt usw. In diesem Fall können Sie sie für kurze Zeit erreichen. Und das gibt Ihnen meist ein gutes Gefühl.

Wenn Elternfixierung länger verschwindet, als Sie trösten

Frau Jansen kommt auf Sie zu, will nach Hause, schaut ängstlich oder unruhig drein, fragt, wo ihre Eltern geblieben sind und klammert sich an Ihnen fest. Wenn Sie dann beginnen, Sie zu trösten, kann es passieren, daß sich ihr Verhalten ändert und ihre Elternfixierung tatsächlich verschwindet. Wenn ihr unruhiges Verhalten auch nicht mehr wiederkommt, wenn Sie weggehen, handelt es sich wahrscheinlich um die dritte Erklärung für Elternfixierung: um eine Art Trauerverhalten. Offensichtlich werden Wahrnehmungen noch immer gespeichert. Selbstverständlich weiß sie, daß ihre Eltern nicht mehr leben, aber aus den unterschiedlichsten Gründen fühlt sie sich gerade jetzt eben sehr einsam und von jedermann verlassen. Sie sehnt sich einen Augenblick lang so stark nach der Anwesenheit ihrer Eltern, daß es ihr scheint, als wären sie wieder da.

Trost ist für Frau Jansen eine ausgezeichnete Hilfe, um sich unter diesen Umständen beruhigt und sicher zu fühlen. Ihre Angst und ihre Unruhe, aber auch ihre Elternfixierung schmelzen dahin wie Schnee in der Sonne, weil sie sich auf Sie verlassen kann. Sie braucht ihre Eltern nicht mehr, sie braucht auch nicht mehr nach Hause, weil sie weiß, daß Sie da sind, auch nachher noch. Was Sie tun, ist von Dauer. Sie sind und bleiben für sie erreichbar, auch wenn Sie nachher aus ihrem Wahrnehmungsfeld verschwinden. Auch wenn sie Sie nicht mehr hören, sehen, fühlen oder anfassen kann, weiß sie, daß Sie da sind oder daß Sie wiederkommen. Sie sind dann nicht nur jemand, der Frau Jansen nur für kurze Zeit ein Gefühl der Sicherheit und Geborgenheit gibt, sondern eine Vertrauensperson. Und das schenkt Befriedigung.

Elternfixierung, die verschwinden müßte

Manchmal verschwindet Elternfixierung nicht, ohne daß dies etwas mit der ersten Erklärung zu tun hat. Daß Sie die Elternfixierung in keiner Weise beeinflussen können, hängt dann nicht mit der Annahme über das Gedächtnis zusammen, daß keine gespeicherten Wahrnehmungen mehr im Gedächtnis vorhanden sind. Elternfixierung scheint in diesem Fall aus einer Kombination der zweiten Erklärung (es werden keine Wahrnehmungen mehr gespeichert) mit dem Lebenslauf und der Persönlichkeit des dementen Menschen zu entstehen.

Der Lebenslauf

Keine Form der Nähe, kein Trost hilft, wenn die demente Person nicht (mehr) weiß, was Sicherheit und Geborgenheit bedeuten. Man kann davon ausgehen, daß es auch geistig verwirrte ältere Menschen gibt, die durch bestimmte traumatische Ereignisse in ihrem Leben (Gewalt, Inzest, Krieg) keinem Menschen vertrauen können oder wollen. Sie haben sozusagen verlernt, was Sicherheit und Geborgenheit ist. Auch wenn Ihr Verhalten noch so viel Sicherheit ausstrahlt, ein solcher Mensch wird Ihnen nicht trauen. In diesem Fall behalten Sie das unangenehme Gefühl, den anderen nicht erreichen zu können. Es ist nicht immer leicht, das zu akzeptieren.

Es kann noch etwas hinzukommen, das die Sache zusätzlich kompliziert. Wenn keine Wahrnehmungen mehr gespeichert werden, bedeutet dies auch, wie wir bereits oben gesehen haben, daß ein Gefühl der Unsicherheit entstehen kann. Mit anderen Worten: Die geistig verwirrte Person wird mit einer Situation konfrontiert, die einen Verlust bedeutet. Sie muß diesen Verlust verarbeiten, ob sie will oder nicht. In diesem Zusammenhang ist es gut vorstellbar, daß bei manchen dementen Menschen unverarbeitetes Leid von früher wiederbelebt wird. Wenn bei der dementen Person unangenehme Gefühle entstehen, weil keine Wahrnehmungen und Eindrücke mehr gespeichert werden, können unangenehme Gefühle von früher, wie etwa Gefühle der Verlassenheit, der Angst, der Einsamkeit, des Im-Stich-Gelassen-Seins, des Nicht-Wahrgenommen-Werdens usw., wiederkehren: der ungeheure Schrecken und das Entsetzen des Kindes, als das Nachbarhaus in Flammen aufging; die Lieblingsschwester, die eines Tages nicht mehr von der Schule nach Hause kam, ohne Abschied und eine Erklärung; der Verlust des ersten Kindes und die Jahre danach, die für die Mutter eine Hölle waren; die ungerechtfertigte Entlassung und all die Jahre der Arbeitslosigkeit.

Die Persönlichkeit

Keine Form der Nähe oder des Trostes hilft, wenn die demente Person mehr Sicherheit und Geborgenheit verlangt, als man geben kann. Es ist bekannt, daß die Art, wie man einen Verlust erfährt und damit umgeht, individuell sehr verschieden ist. Was für den einen ein großer Verlust ist, ist für den anderen nicht der Rede wert. Den einen berührt es kaum, für den anderen wiegt es außerordentlich schwer. Der eine legt jedes Wörtchen auf die Goldwaage, den anderen kann nichts erschüttern. Der eine ist ein Leichtfuß, der andere ein Pedant. Ein dementer früherer Beamte, der die Fehler bemerkt, die er durch seine Vergeßlichkeit macht, wird wohl eher aus dem Gleichgewicht geraten als jemand, der früher weniger pingelig war. In diesem Fall können Sie ihm natürlich alle Sicherheit und Geborgenheit geben, die Sie ihm bieten können, aber für einen solchen Menschen ist nichts sicher genug. Aufgrund seiner Persönlichkeit wird er immer mehr von Ihnen verlangen, als Sie ihm geben können. Auch in diesem Fall behalten Sie das unangenehme Gefühl, den anderen nicht erreichen zu können.

Zusammenfassung

Demente Menschen suchen Sicherheit und Geborgenheit. Das kann sich unter anderem in Elternorientierung und Elternfixierung äußern. Obwohl diese Verhaltensweisen auch mit ihrem Lebenslauf und ihrer Persönlichkeit zusammenhängen, sagt das Vorkommen vor allem etwas darüber aus, wie diese Menschen sich in einem bestimmten Moment fühlen. Diese Verhaltensweisen weisen auf eine Verlusterfahrung bzw. auf eine Erfahrung der Unsicherheit hin. Beide Symptome können als Formen von Bindungsverhalten, von nähesuchendem Verhalten, verstanden werden. Da die eigene Persönlichkeit und das, was man erlebt, immer Einfluß darauf hat, wie man einen Verlust verarbeitet, kommt es bei manchem dementen Menschen vor, daß »altes Leid« wiederbelebt wird. Elternorientierung ist genau wie die Tatsache, daß Erinnerungen an früher wieder wach werden, ein natürliches Verhalten, das auch oft bei anderen alten Menschen vorkommt. Die Intensität, mit der dieses Verhalten auftritt, kann auf eine problematische Situation hindeuten, die im Grunde eine Verlusterfahrung ist oder eine solche wiederbelebt.

Manchmal tritt auch bei alten Menschen, die nicht dement sind, zeitweise Elternfixierung auf.

Elternfixierung beobachtet man oft in der Anfangsphase von Demenz. Wenn zum Beispiel das Speichern von Wahrnehmungen (ebenso wie andere Gedächtnisfunktionen) noch einigermaßen normal abläuft, wird eine sehr starke Unsicherheit erfahren. Dann kommt es besonders häufig vor, daß die betreffende Person ihre Eltern vermißt. In der Anfangsphase von Demenz tritt Elternfixierung auch in den Augenblicken auf, in denen ein anderes Bindungsverhalten einer dementen Person zu nichts führt oder nicht beantwortet werden kann. Diese Art der Elternfixierung kann im allgemeinen noch korrigiert werden. Das heißt, es ist möglich, daß man der dementen Person ein Gefühl der Sicherheit und Geborgenheit geben und sie beruhigen kann.

Bei fortschreitender Demenz tritt Elternfixierung immer häufiger und intensiver auf. Ob die Elternfixierung (noch) korrigiert werden kann, hängt von der Erklärung ab. Das heißt, daß es nicht immer und in allen Fällen möglich ist, der dementen Person ein Gefühl der Sicherheit und Geborgenheit zu geben und sie zu beruhigen.

Bindungsverhalten ist mehr als nur Elternfixierung

Zu Beginn dieses Kapitels haben wir festgestellt, daß Elternfixierung ein Begriff ist, der folgende Verhaltensweisen zusammenfaßt:

Demente Menschen gehen nach Hause oder sie wollen nach Hause gehen. Sie wollen zu ihren Eltern oder sie gehen einfach. Und niemand kann sie zurückhalten. Sie erzählen einem, daß sie sich nach der Aufmerksamkeit ihrer Eltern sehnen. Sie machen sich Sorgen über ihre Eltern oder sie glauben, daß sie noch im Elternhaus leben. Manchmal verhalten sie sich genau so, wie ihre Eltern dies von ihnen erwarten. Manchmal drohen sie auch mit ihrem Vater oder ihrer Mutter: »Wenn mein Vater wüßte, daß man mich hier festhält, dann...«. Manche sind den ganzen Tag auf der Suche nach ihren Eltern. Es kommt regelmäßig vor, daß sie fragen, wo ihre Eltern sind und wie es ihnen geht.

Nun, am Ende dieses Kapitels ist deutlich geworden, daß Elternfixierung bei Demenz als eine Form von Bindungsverhalten aufgefaßt werden kann. Das bedeutet keineswegs, daß die Unsicherheit, die geistig verwirrte ältere Menschen fühlen, ausschließlich über Elternfixierung ausgedrückt wird. Mit anderen Worten: Es ist gut möglich, daß sie der Unsicherheit, die sie erfahren, auf zahlreiche andere Arten Ausdruck verleihen. Man denke dabei nur an all die krampfhaft festgehaltenen Handtaschen, zerknüllten Taschentücher und andere Gegenstände, die demente Menschen oft stunden- und tagelang mit sich schleppen! Anders gesagt: ein geistig verwirrter Mensch muß nicht unbedingt über seine Eltern sprechen, wenn er sich unsicher fühlt.

Auf sie eingehen oder sie auf den Boden der Tatsachen zurückholen?

Eine der Verhaltensweisen, die im Zusammenhang mit der Elternfixierung genannt wurde, war »nach Hause wollen«. Es gelingt nicht immer, Frau Jansen davon zu überzeugen, daß ihr Elternhaus nicht mehr existiert und daß sie jetzt woanders wohnt, nämlich hier. Im Gegenteil, oft wird die Unruhe dadurch nur noch größer. Wenn ihr Verhalten als eine mögliche Äußerung von Gefühlen der Unsicherheit interpretiert wird, gibt es ganz andere Möglichkeiten für den Umgang mit ihr. Sie können in einem solchen Fall ihre Elternfixierung (»nach Hause wollen«) verstehen als »ich fühle mich hier nicht zuhause« und dann können Sie nach Wegen suchen, es ihr angenehmer zu machen. Manchmal gelingt es, manchmal gelingt es für kurze Zeit und manchmal gelingt es gar nicht.

Ein alter Mann in einem Altersheim erzählte mir einmal spontan die folgende Geschichte und gab damit ein gutes Beispiel für die beiden Arten, mit denen man mit Elternfixierung und vor allem mit den Auswirkungen von Elternfixierung umgehen kann.

»Eines Abends hörte ich Gepolter im Zimmer meiner Nachbarin. Ich beobachtete sie schon seit längerer Zeit. Sie tat mir leid, weil ich vor einiger Zeit erfahren hatte, daß sie an Demenz leidet. Ich ging auf den Gang hinaus, um nachzusehen. Ja, ich hatte richtig vermutet! Da stand meine Nachbarin, mit Gepäck, im Wintermantel, Schirm unterm Arm, Hut auf, die Handtasche fest an sich gepreßt. Und das mitten im Sommer. Es war ein heißer Sommertag gewesen und jetzt war es fast Mitternacht. Ich fragte sie, wo sie denn um Himmels willen hinwolle. Sie antwortete mir, daß sie in Eile sei. Sie müsse noch den Bus schaffen, denn sie wolle zu ihrer Mutter. Ich habe ihr daraufhin gesagt, daß sie nicht ganz bei Trost sei, daß ihre Mutter schon lange nicht mehr lebe, daß sie mitten in der Nacht nicht so viel Lärm machen solle, weil alle normalen Menschen schlafen würden und warum sie sich denn mitten im Sommer so warm anziehen würde. ›Sie sollten besser ins Bett gehen‹, habe ich zu ihr gesagt. Na, das hätte ich besser bleiben lassen sollen. Ich war die ganze Nacht damit beschäftigt, sie zu beruhigen. Ich habe in dieser Nacht kein Auge zugetan.«

»An einem anderen Abend war es wieder mal so weit. Ich hatte mir fest vorgenommen, die Sache jetzt ganz anders anzugehen. Sie wollte wieder mit dem Bus zu ihrer Mutter und stand genauso vollgepackt wie beim letzten Mal vor ihrer Tür. Ich bat sie, einen Moment zu warten, bis ich meinen Mantel geholt hätte. Dann gab ich ihr einen Arm und bin mit ihr über den Gang gelaufen. Als es im Gang etwas dunkler wurde, ging ich kurz voraus und tat so, als ob ich am Informationsbrett die Abfahrtszeiten der Busse betrachtete. Bevor sie mich einholen konnte, bin ich wieder zu ihr zurückgekommen und habe so ernst wie möglich gesagt: ›Ach, wie schade; ich habe gerade festgestellt, daß der letzte Bus schon weg ist. Was für ein Pech!‹ Und bevor sie mir antworten konnte, fügte ich hinzu: ›Wissen Sie, was wir da machen? Sie gehen jetzt schnell schlafen, es ist ja schon spät. Ich rufe inzwischen Ihre Mutter an und sagte ihr Bescheid, daß Sie erst morgen kommen. Ich lasse Sie dann rechtzeitig wecken, damit Sie den ersten Bus nehmen können.‹ Sie ist daraufhin ruhig und ohne Probleme ins Bett gegangen. Ich glaube, daß ich alles zusammengenommen noch keine halbe Stunde mit ihr beschäftigt gewesen bin. Am nächsten Tag tat sie, als wäre nichts geschehen.«

Zum Abschluß

Bei Frau Weber wurde bei einer poliklinischen Untersuchung eine Demenz im Anfangsstadium festgestellt. Während der psychologischen Untersuchung zeigte sich, daß sie sehr genau wußte, was mit ihr los war. Sie war sehr traurig darüber und weinte viel. Einige Monate später sprach ich mit ihrer Nichte, die bei ihr im Haus wohnte. Frau Weber hatte folgendes zu ihr gesagt: »Ich habe oft das Gefühl, daß ich nach Hause, zu meinen Eltern möchte. Aber ich weiß genau, daß ich zu Hause bin und daß meine Eltern schon lange nicht mehr leben.«

Nichts ist gewiß – außer dem Tod

Im vorigen Kapitel haben wir gesehen, daß das Fortschreiten des geistigen Verfalls einen Menschen emotional tief berühren kann. Das gilt im allgemeinen auch für die nächsten Familienangehörigen und vor allem für den Lebensgefährten und die Kinder. Es gibt keinen Maßstab, mit dem man messen könnte, wer von beiden mehr leidet, die demente Person oder die Familienangehörigen. Es ist allerdings eine bekannte Tatsache, daß der geistige Verfall von manchem Angehörigen als eine schwere Last empfunden wird. Doch jeder erlebt die Last wieder auf eine andere Art.

Die Verarbeitung eines Verlustes ist ein Teil der Probleme, mit denen die Familienangehörigen konfrontiert werden. Was mit dem dementen Menschen geschieht, zum Beispiel ob er in ein Pflegeheim gegeben wird, hängt damit zusammen, was die Familie, die diese Person bislang versorgt und pflegt, verkraften kann. Man nennt dies auch die Belastbarkeit der Familie. Diese Belastbarkeit ist von Mensch zu Mensch verschieden.

Belastungen für die Familie

Mit diesem Kapitel wollen wir vor allem Verständnis für die emotionale Situation der Familienangehörigen geistig verwirrter alter Menschen wecken. Manchmal wohnt der gesunde Lebensgefährte mit im Altenpflegeheim. Wenn Kinder da sind, kommen diese zu Besuch. In diesem Kapitel werden wir zunächst einige Punkte behandeln, die für die Belastbarkeit der Familienangehörigen entscheidend sind.

Zunächst werden wir uns mit dem Verlustverarbeitungsprozeß befassen, den die Familienangehörigen durchmachen müssen. Danach versuchen wir, zu einer Einteilung zu kommen, die uns dabei helfen soll, das Verhalten und die Gefühle, die während des Verlustverarbeitungsprozesses auftreten, besser zu verstehen. Wir tun dies anhand der Phasen, die in der Trauerarbeit von Hinterbliebenen nach einem Todesfall auftreten. In einem dritten Schritt wollen wir dann näher betrachten, in welchen Fällen dieses Verarbeiten schwieriger ist als normal.

Und schließlich werden wir Faktoren besprechen, die dafür verantwortlich sind, daß die Trauerarbeit beim einen mühsamer verläuft als beim anderen. Im Falle von Demenz hat vor allem die unklare emotionale Situation, in die ein Familienmitglied gerät, einen ausgesprochen ungünstigen Einfluß auf die Trauerarbeit. Muß der Ehemann von Frau Jansen als Witwer gesehen werden oder nicht? Haben seine Kinder noch eine Mutter oder nicht? Es ist vor allem diese oft lang anhaltende Unsicherheit, die dazu beiträgt, daß die Trauerarbeit der »Hinterbliebenen« bei Demenz meist viel mühsamer verläuft als beim Tod eines Angehörigen.

Mehr als genug praktische Probleme

Früher oder später treten bei Demenz Störungen im Gedächtnis, im Handeln und im Erkennen alltäglicher Gegenstände auf, aber auch Störungen der Intelligenz, des Verständnisses, Störungen beim Lesen, Rechnen, Schreiben, Sprechen und der persönlichen Hygiene. Wie wir in den vorigen Kapiteln gesehen haben, ist dies dem betroffenen Menschen in einem gewissen Umfang bewußt und reagiert er darauf. Einerseits mit aktivem Verhalten, mit Orientierungsproblemen, Verwirrtheit, Hirngespinsten und Wahnvorstellungen. Andererseits aber auch mit Mißtrauen, Aggression, Unruhe, Stimmungsschwankungen und Trauer. Die Störungen von Frau Jansen zum Beispiel können dazu führen, daß sie Halt und Sicherheit sucht. Dies führt dazu, daß ihr Mann und eventuell auch ihre Kinder mit unzähligen praktischen Problemen konfrontiert werden. Sie können die Belastbarkeit von Herrn Jansen und die seiner Kinder stark beeinflussen. Und falls das Ehepaar in einem Altenpflegeheim lebt, wird auch die Belastbarkeit anderer Bewohner des Heimes in Anspruch genommen, denn sie werden ebenfalls fast täglich mit dem Verhalten der geistig verwirrten Frau konfrontiert.

Muß man Frau Jansen zum Beispiel beim An- und Ausziehen, beim Essen oder beim Gang zur Toilette helfen? Vergißt sie sofort, was man zu ihr sagt oder behält sie es für kurze Zeit? Ist sie mißtrauisch und streitet sie sich mit allen in ihrer Umgebung oder sitzt sie gemütlich da und trinkt sie ihren Kaffee, ohne gleich jeden mit aggressiven oder ungehörigen Redensarten zu verjagen? Läuft sie immer wieder weg? Geht sie ungefragt in andere Zimmer oder bleibt sie ruhig in ihrem eigenen Zimmer sitzen? Irrt sie nachts ohne Kleider durch die Gänge? Ist sie ständig auf der Suche nach ihrem Mann? Oder schaut sie den ganzen Tag in ihrem Stuhl still und friedlich vor sich hin? Usw., usw.

Faktoren, die Einfluß auf die Belastbarkeit haben

Ohne sie im Detail ausarbeiten zu wollen, handelt es sich bei dem Ehepaar Jansen um folgende Einflußgrößen:

Wie gesund und wie gut zu Fuß ist Herr Jansen? Hat er genügend Informationen erhalten, so daß er weiß, was mit seiner Frau los ist und was ihm alles noch bevorsteht? Wie viele Kinder sind da? Wie weit wohnen sie von ihm weg? Wie viele wollen ihm helfen? Sind sie auch in der Lage, ihr Leben (eine Zeitlang) so einzurichten, daß sie tatsächlich Hilfe leisten können? Wie verhält es sich mit der finanziellen Belastbarkeit der Familie? Wer bezahlt eventuell anfallende Kosten? Wie sind die Wohnverhältnisse? Wohnen die Jansens auf einem Bauernhof bei einem der Kinder oder in einer Dreizimmerwohnung im sechsten Stock? Welche Einrichtungen gibt es in der Nähe oder welche Instanzen, die Hilfe leisten können, sind verfügbar?

Aber auch diese Faktoren spielen eine Rolle: Welche Beziehung hat Herr Jansen zu seiner Frau? Welche Beziehung haben die Kinder zu ihren beiden Eltern? Wie ist das Verhältnis der Kinder untereinander? Können sie miteinander sprechen? Können schwierige Themen zwischen den Kindern und ihrem Vater besprochen werden? Haben die Kinder genügend Informationen darüber erhalten, was mit ihrer Mutter genau los ist? Erhält Herr Jansen, aber auch jedes einzelne Kind, genügend emotionale Unterstützung und wird ihnen genug Verständnis entgegengebracht? Wie weit sind die Bewohner des Altenpflegeheimes darüber informiert, was mit Frau Jansen genau los ist? Wissen sie, was es bedeutet, dement zu sein? Wie tolerant sind sie dem merkwürdigen Verhalten seiner Frau gegenüber?

Und schließlich: Wie erfährt und verarbeitet es Herr Jansen, daß eine Ehe von vielleicht mehr als fünfzig Jahren langsam auf diese

Weise zu Ende geht? Hat er jemals vermutet, daß er seine Frau auf eine solche Art verliert? Das gleiche trifft natürlich auch für die Kinder zu. Wie verarbeiten es die Kinder, daß sie ihre Mutter, jedenfalls so wie sie sie immer gekannt haben, verlieren? Und das gilt manchmal auch für Bewohner des Altenheimes. Wie verarbeitet man, daß ein guter Freund oder Zimmernachbar, mit dem man sich jahrelang gut verstanden hat, einen nicht mehr erkennt und langsam zu einem Fremden wird?

Keine Situation gleicht der anderen

All diese Faktoren wirken zusammen, so daß jede Situation verschieden ist. Dazu kommt noch, daß jede Situation auch anders erlebt werden kann. Jede Situation kann auf diese Weise ihre eigene Bedeutung bekommen.

Was Herrn Jansen schwerfällt, macht einem anderen Ehemann überhaupt nichts aus. Das eine Kind braucht mehr Verständnis und mehr emotionale Unterstützung als das andere. Der eine Lebensgefährte kann besser mit praktischer Hilfe umgehen als der andere. Der eine überläßt die Pflege eher einem Dritten als der andere. Der eine Ehemann erwartet mehr Hilfe und Unterstützung von den Kindern als der andere. Der eine wohnt lieber bescheiden, der andere braucht viel Raum um sich. Dem einen macht es nichts aus, daß er nicht mehr so gut zu Fuß ist, für den anderen ist es eine kleine Katastrophe, wenn er nicht mehr autofahren kann. Im Heim ärgert sich der eine Mitbewohner schneller über Frau Jansen als der andere. Der einen Freundin fällt der Umgang mit Frau Jansen leichter als der anderen, usw. Durch die ganz persönliche Weise, in der all diese Faktoren erlebt werden, bleibt im einen Fall die Belastbarkeit lange Zeit groß, während sie im anderen Fall schnell abnimmt.

Die Belastbarkeit von Herrn Jansen wird unter anderem durch die Weise mitbestimmt, in der er emotional verarbeitet, daß er seine Frau durch Demenz zu verlieren droht. Er verliert langsam die Frau, mit der er so viele Jahre verheiratet war und mit der er Freud und Leid geteilt hat.

≡   Verlust und Verlustverarbeitung

Unabhängig vom Alter erfährt jeder Mensch früher oder später große und kleine Verluste, zum Beispiel: den Tod einer geliebten Person oder eines Familienmitgliedes; eine Prüfung nicht bestehen; entlassen werden; eine Beförderung, die endgültig ausbleibt; Gesundheitsprobleme; aus Gesundheitsgründen keinen Sport mehr treiben können; umziehen; Gegenstände verlieren, an denen man hängt; ein Kind, das plötzlich auszieht; einen Wettkampf verlieren; Scheidung; ein Haustier, das verunglückt oder eingeschläfert werden muß; im Krieg oder bei einem Brand Hab und Gut verlieren; Pläne, die nicht verwirklicht werden können; emigrieren; einen Arm oder ein Bein verlieren; jemanden vermissen; Gewalt; unheilbar krank werden; als Kind eine Lieblingspuppe am Ferienort vergessen; den Tod von Freunden oder Bekannten; eine Abtreibung oder eine Fehlgeburt, usw.

Mit anderen Worten: Die meisten Menschen haben Erfahrung mit dem Verarbeiten von Verlusten. Vor allem alte Menschen.

Bekanntes Verhalten, bekannte Gefühle

Über die Weise, in der Menschen im allgemeinen einen Verlust verarbeiten und über das Verhalten und die Gefühle, die dazu gehören, ist viel bekannt.

Wer kennt nicht die Tränen; das ständige Grübeln; die verbissene Wut; die Machtlosigkeit; das Gefühl der Ungerechtigkeit; das Nichtglauben-Wollen; die Lustlosigkeit; das Schuldgefühl; die Erleichterung; die Freude, die man überraschenderweise fühlt und der man mißtraut; die Vorstellung, daß die Person wieder neben einem liegt und daß man sie manchmal wieder sieht und hört; das endlose Warten auf jemanden, der nicht kommt; das Vermeiden von Gesprächen, bekannten Plätzen oder Freunden, weil sie den Verlust verschärfen und vertiefen; die Freude über die Erinnerungen, die bleiben; das Gefühl des Verrates, wenn man sich wieder verliebt oder sich einfach von einem anderen trösten läßt? Usw.

Phasen der Verarbeitung

Manchmal faßt man dieses Verhalten und diese Gefühle zu einem Prozeß mit drei Phasen zusammen: Protest, Verzweiflung und Loslösung.

Manchmal unterteilt man diesen Prozeß in Stadien wie Betäubung, Verleugnen, Aggression, Trauer und Akzeptanz. Hinzu kommen oft auch Gefühle der Scham, der Schuld und der Machtlosigkeit.

Auch Bowlby spricht in seiner Bindungstheorie von einer längeren Periode der Verarbeitung, vor allem, wenn es sich um den Verlust eines geliebten Menschen handelt. Er unterscheidet die folgenden Phasen: Bestürzung, Suchen und Sehnsucht, Schmerz und Verzweiflung und schließlich Genesung.

Verarbeitung braucht Zeit

Diese Einteilungen, die auf den ersten Blick viel miteinander zu tun haben, zeigen deutlich, daß ein Verlust in der Regel nicht spurlos an einem Menschen vorübergeht, im Gegenteil. Ein Verlust verursacht viele Gefühle und zwar über eine lange Zeit. Ein Verlust wird nicht sofort akzeptiert, und schon gar nicht von vornherein. Dazu braucht man meist Zeit. Viele wissen das aus eigener Erfahrung.

Formen der Trauer

Das geschilderte Verhalten und die damit verbundenen Gefühle sind also mehr oder weniger normales menschliches Verhalten und normale menschliche Gefühle. Der Rahmen, innerhalb dessen sie zum Ausdruck kommen, und die Weise, in denen man ihnen Form gibt, ist weniger selbstverständlich. Zum Beispiel wurden früher – vor allem in Dorfgemeinschaften – ganz andere Beerdigungs- und Trauergewohnheiten gepflegt als heute. Die Weise, in der in anderen Kulturen, zum Beispiel in jüdischen oder karibischen Gemeinschaften getrauert wird, unterscheidet sich durch die »Überschwenglichkeit« der Äußerungen fundamental von der in Deutschland üblichen Art zu trauern. In verschiedenen Gemeinschaften gibt es verschiedene Trauergebräuche. Man spricht von einer Trauerkultur bzw. Trauertradition. Wir wollen, mit Ausnahme der folgenden Bemerkungen, hier nicht näher darauf eingehen.

Eine persönliche Trauerkultur

In der zweiten Hälfte dieses Jahrhunderts ist die Trauerkultur in Deutschland stark verarmt. In den letzten Jahren trat wieder eine Wende ein. Es scheint, als seien die Menschen immer mehr und immer besser auf ein derartiges Ereignis vorbereitet. Auf jeden Fall wählen manche Menschen ganz bewußt eine eigene Form und schaffen sich damit eine persönliche Trauerkultur. Auf diese Weise wird der Verlustverarbeitung gewissermaßen wieder mehr Aufmerksamkeit gewidmet. Das ist wichtig, denn durch das Äußern der dabei auftretenden Gefühle kann ein wichtiger Beitrag zur Verarbeitung des erlittenen Verlustes geleistet werden. In diesem Zusammenhang wäre auch ein (Abschieds-)Ritual bei Ehescheidungen für alle Beteiligten sehr heilsam: für die beiden Partner, für die Kinder, für die Großeltern und auch für die Freunde.

Was ist »normale« Trauer?

Wenn das geschilderte Verhalten und die damit zusammenhängenden Gefühle als »normal« betrachtet werden können, in welchen Fällen spricht man dann von einer »abnormalen« Verlustverarbeitung? Wann verläuft der Prozeß mühsamer als dies im allgemeinen der Fall ist? Das ist schwer zu sagen. Jeder Mensch ist anders. Es ist auch eine ganz persönliche Sache, wie schwer ein Verlust von jemandem erfahren wird. Was für den einen gilt, trifft nicht auch für den anderen zu. Deshalb gibt es auch keinen Maßstab, mit dem angegeben werden kann, wann jemand zu trauern aufhören muß oder darf. Trotzdem gibt es drei Signale, an denen man im allgemeinen erkennen kann, wann von einer »abnormalen« Verlustverarbeitung gesprochen werden muß. Dies ist zunächst der Fall, wenn kein Trauerverhalten auftritt, obwohl man das menschlicherweise erwartet. Dies ist zweitens der Fall, wenn das Trauerverhalten später auftritt, als man erwartet. Und drittens, wenn das Trauerverhalten viel zu lange dauert.

Als wäre nichts geschehen

Manchmal tritt kein Trauerverhalten auf, obwohl man dies menschlicherweise erwarten würde. Zum Beispiel, wenn der Vater gestorben ist und die Kinder sich so verhalten, als wäre nichts geschehen. Keine Spur von Trauer, selbst dann nicht, wenn über den Vater gesprochen wird. Kein Protest, keine Auflehnung. Selbst kein Gekränktsein, keine Gefühle, als ob ihnen Unrecht geschehen sei. Ihr Leben geht weiter wie vor seinem Tod. Man sollte hier vorsichtig und mißtrauisch auf Bemerkungen wie »Der/die ist aber tapfer!« reagieren. Man sollte dieses Verhalten eher als Signal sehen, daß es den Beteiligten schlecht geht und als Hinweis darauf, daß hier ein Fall von Verdrängung und Verleugnung vorliegt.

Späte Trauer

Diese Form heißt auch »aufgeschobene Trauer«. Nehmen wir einmal an, jemand verliert seinen Bruder. Zunächst scheint es die bewußte Person überhaupt nicht zu berühren. Ein halbes Jahr später, wenn sie mit allen möglichen unklaren Beschwerden beim Hausarzt sitzt, wird sie sich langsam, aber sicher der Tatsache bewußt, daß ihr der Bruder fehlt. Der Verlust macht sich erst später bemerkbar.

Zu lange

Es ist nicht möglich anzugeben, wie lange Trauerverhalten und die dabei auftretenden Gefühle dauern müssen oder dürfen. Wie wir bereits gesehen haben, ist jeder Mensch anders und wiegt ein Verlust für jeden verschieden schwer. Was für den einen eine Kleinigkeit ist, kann für den anderen ein regelrechtes Drama sein. Mit »zu lang« meinen wir zum Beispiel, wenn jemand nach Jahren immer noch darüber spricht, daß man ihn bei dieser wichtigen Prüfung hat durchfallen lassen. Oder wenn jemand nach vielen Jahren immer noch aggressiv auf den Personalchef reagiert, der ihm mitgeteilt hat, daß er entlassen wird. Oder wenn jemand immer noch vom Schmerz übermannt wird, wenn der Name der verlorenen geliebten Person genannt wird. Mit anderen Worten: sich ungerecht behandelt fühlen, böse werden oder aufbegehren, beim Hören des Namens der geliebten Person die Tränen kommen fühlen, all diese Dinge gehören zum normalen Verhaltensmuster. Aber auf lange Sicht müssen diese Gefühle, und vor allem ihre Intensität, abnehmen, wenn von Verarbeitung des Verlustes die Rede sein soll.

Wie ist es zu erklären, daß Trauerverhalten manchmal überhaupt nicht oder in manchen Fällen erst verspätet auftritt und in wieder anderen Fällen zu lange dauert? Wodurch wird die Verlustarbeit erschwert? Bevor wir darüber etwas sagen können, wollen wir zunächst einmal untersuchen, was bei der Verlustarbeit im allgemeinen eine Rolle spielt.

≡   Wodurch wird der Trauerprozeß beeinflußt?

Die Frage lautet: Welche Faktoren beeinflussen im allgemeinen den Prozeß der Verlustverarbeitung sowie die Gefühle und das Verhalten, die dazu gehören?

Wir haben oben festgestellt, daß Verlustverarbeitung sich nicht immer auf den Verlust durch Tod beziehen muß, sondern zum Beispiel auch auf den Verlust durch Scheidung, Trennung oder Umzug. Wir werden hier aber hauptsächlich über den Tod einer geliebten Person sprechen, da auf diese Weise leichter ein Vergleich mit Demenz möglich ist.

Es ist fast selbstverständlich, daß im Prozeß der Verlustverarbeitung die folgenden Faktoren eine wichtige Rolle spielen: die Art der Beziehung zum Verstorbenen, die Persönlichkeit des Hinterbliebenen, die Umstände des Todes, die Intensität der Beziehung zwischen dem Hinterbliebenen und dem Verstorbenen, die Verarbeitung von eventuell früher erlittenen Verlusten durch den Hinterbliebenen, die Gewißheit des Todes bzw. die Gewißheit der Informationen darüber.

Die Beziehung

Es besteht natürlich immer ein Unterschied zwischen dem Verlust des Lebenspartners oder dem der Eltern, Brüder, Schwestern, Freunde, Kollegen, Nachbarn usw. Aber im Grunde spielen diese Unterschiede in der Familienbeziehung eine geringere Rolle als die Art der Beziehung zum Verstorbenen. Jemand kann zum Beispiel mehr unter dem Tod seiner Nachbarin leiden als unter dem Tod seines Bruders. Der Tod der Mutter braucht nicht immer weniger Schmerz zu verursachen als der Tod des Lebensgefährten. Das hängt auch von den jeweiligen individuellen Lebensumständen des Hinterbliebenen ab. Eine unverheiratete Tochter, die noch lange im Elternhaus gewohnt hat, kann unter dem Tod der Eltern stärker leiden als ihr emigrierter Bruder.

Die Persönlichkeit des Hinterbliebenen

Nicht jeder Hinterbliebene reagiert in der gleichen Weise. Menschen können sich in bezug auf ihre Persönlichkeit, ihren Charakter, ihr Temperament usw. stark voneinander unterscheiden. Es ist hier nicht der Ort, ausführlich auf verschiedene Persönlichkeitstypen einzugehen. Wir wollen aber darauf hinweisen, daß jeder Mensch im Laufe seines Lebens einen eigenen Stil entwickelt, mit Problemen umzugehen, seien sie nun groß oder klein. Der eine gerät bei Problemen immer ins Grübeln. Der andere verliert sofort allen Mut. Der eine wird schnell böse, wenn ihm etwas nicht gleich gelingt. Der andere sucht im Gespräch mit anderen um Rat fragend nach praktischen Lösungen. Der eine akzeptiert eine Enttäuschung eher als der andere. Der eine gibt sofort einem andern die Schuld. Wieder ein anderer tut, als sei nichts geschehen oder versucht, alle Probleme zu umgehen. Und so weiter.

Eine bestimmte Art, mit Problemen umzugehen, kann die Gefühle, die bei der Verlustverarbeitung eine Rolle spielen, verstärken oder gerade abschwächen. Deshalb kann der eine länger als der andere dazu neigen, seinen Verlust zu leugnen oder zu beschönigen. Wenn jemand immer schon schnell die Schuld auf andere schob, wird er das auch jetzt tun. Wem schnell die Tränen kommen, der kann seine Trauer vielleicht besser äußern als ein anderer.

Die Umstände des Todes

Zu diesem Thema gehören verschiedene Dinge. Hat man den Tod (lange) vorher absehen können oder kam er völlig unerwartet? Konnte man dabei sein oder nicht? Ist es erst kürzlich oder schon vor langer Zeit geschehen? War es ein Unfall, ein natürlicher Tod, ein Selbstmord oder Fahrlässigkeit von anderen? Usw. Die Verarbeitung eines plötzlichen Verlustes ist zum Beispiel schwerer als die eines Verlustes, auf den man vorbereitet war. Ein Selbstmord ist im allgemeinen schwerer zu verarbeiten als ein natürlicher Tod.

Die Intensität der Beziehung

Die Intensität der Beziehung, die der Hinterbliebene mit dem Verstorbenen hatte, spielt bei der Verlustverarbeitung ebenfalls eine große Rolle. Wichtig ist auch die Persönlichkeit des Verstorbenen. Im allgemeinen kann gesagt werden: Je stärker die Beziehung war, desto größer ist der Verlust, der verarbeitet werden muß.

Die Beziehungen zwischen Menschen sind unendlich verschieden. Wichtig ist natürlich auch, was zwei Menschen, zum Beispiel in einer Ehe, gemeinsam erlebt haben. Aber wie oft kommt es vor, daß in einer Ehe schon lange nicht mehr von einer echten Beziehung gesprochen werden kann?

Jede Beschreibung einer solchen Beziehung in allgemeinen Begriffen ist von vornherein zum Scheitern verurteilt. Deshalb ist es im gegebenen Zusammenhang nicht geboten, näher darauf einzugehen. Zur Illustration wollen wir hier zwei Arten der Beziehung nennen, nämlich die exklusive und die ambivalente, da beide Formen oft ein problematisches Trauerverhalten zur Folge haben. Die exklusive Beziehung ist eine Beziehung, in der der Hinterbliebene ausschließlich auf den Verstorbenen ausgerichtet war. Die ambivalente Beziehung ist widersprüchlich; sie ist eine Art Haß-Liebe-Verhältnis.

Bei einer *exklusiven Beziehung* ist der Tod des anderen selbst auf Dauer nicht zu verwinden. Der Hinterbliebene fühlt sich im Stich gelassen und kann ohne den anderen nicht leben. Das Hinscheiden des anderen zu akzeptieren, wäre gleichbedeutend mit der Bestätigung des eigenen Todes. Manche alten Ehepaare sind auf diese Weise miteinander verbunden, vor allem, wenn sie keine Kinder hatten. In einigen anderen Fällen ist dies der Grund dafür, daß Ehepartner schnell nacheinander sterben. Ohne den Partner verliert das Weiterleben seinen Sinn. Manche Ehepaare haben nach einem langen gemeinsamen Leben den tiefen Wunsch, gemeinsam zu sterben.

Im Falle einer *ambivalenten Beziehung* kann der Tod des anderen kaum verarbeitet werden, da gegensätzliche emotionale Interessen mitspielen. Einerseits kann der Hinterbliebene nicht ohne den Verstorbenen leben; ein Leben ohne den anderen war auch vorher schon unvorstellbar und beängstigend. Andererseits ist der Hinterbliebene froh, daß es den Verstorbenen nicht mehr gibt und er reagiert erleichtert. Vielleicht hat er ihm zu Lebzeiten schon den Tod gewünscht.

Unverarbeitetes altes Leid

Der Prozeß der Verlustverarbeitung kann auch durch unverarbeitetes altes Leid erschwert werden. Das hat niemand in der Hand. Manche Menschen müssen innerhalb kurzer Zeit viele Verluste gleichzeitig verarbeiten. Oder bei jemandem können noch nicht verarbeitete Gefühle im Zusammenhang mit früheren Verlusten wiederkehren, weil alles so schnell und unerwartet ging. Es gilt auch das Umgekehrte: Je besser man einen Verlust verarbeitet hat, desto besser kann ein neuer Verlust verarbeitet werden. Was übrigens nicht bedeutet, daß die Gefühle der Enttäuschung, der Schuld oder der Trauer dadurch weniger heftig sind.

Gewißheit haben

Schließlich ist von großer Wichtigkeit, wie konkret wahrnehmbar der erlittene Verlust war. Je undeutlicher etwas ist (in diesem Falle das Sterben), desto schwerer fällt es einem zu glauben, daß alles wirklich geschehen ist.

Ein Ehepaar hat einen Verkehrsunfall. Die Frau ist sofort tot, der Mann fällt ins Koma und kommt erst wieder zu Bewußtsein, als seine Frau schon begraben ist. – Eine Frau hat Krebs und stirbt schneller als erwartet. Ihre beste Freundin kann nicht rechtzeitig aus dem Urlaub zurückkehren und ist bei der Beerdigung oder Einäscherung nicht dabei. In beiden Fällen stehen den Hinterbliebenen keine konkreten Informationen über ihren Verlust zur Verfügung. Sie haben die Toten nicht mit eigenen Augen gesehen. Sie haben nicht an den Ritualen teilgenommen, die ihnen den Tod des anderen bestätigten und dadurch gibt es für sie keinen Anlaß, Trauerarbeit zu leisten. Man braucht es nicht zu glauben, denn man war ja nicht dabei. Im ungünstigsten Fall kann jemand diese Haltung sein ganzes Leben lang trotz besseren Wissens durchhalten. Das steht auch hinter dem guten Rat, der Versuchung nicht nachzugeben, »nicht hinzugehen und alles so im Gedächtnis zu behalten, wie es früher war«.

Schicksalhafte Ungewißheit

Aber man hat nicht immer die Wahl. Es gibt Situationen im Leben, die, auch wenn man es wollte, keine Gewißheit verschaffen. Die Ungewißheit ist Teil des Geschehens. Man denke zum Beispiel an den Krieg. Da gab es Menschen, die nie von der Front zurückgekehrt sind, aber es gibt auch keine konkreten Beweise dafür, daß sie gefallen oder begraben sind. Oder man denke zum Beispiel an Kinder, die vermißt werden. Je länger es dauert und je mehr Zeit vergeht, desto wahrscheinlicher ist es, daß sie nicht mehr am Leben sind. Aber der endgültige Beweis kann niemals geliefert werden. In der Regel »warten« die Eltern weiter. Unter der Oberfläche brennt die Flamme der Hoffnung weiter. Aber gleichzeitig ist da auch die fatale, verzehrende Unsicherheit, die nicht zu lange dauern darf, da man sie emotional nur schwer erträgt. Darum ist es für die Familie meist ein Segen und eine große Erleichterung, wenn die Leiche eines Vermißten endlich gefunden wird. Dadurch nimmt die Unsicherheit ein Ende. Der Beweis des (befürchteten) Todes wird endgültig und überzeugend geliefert und die Trauerarbeit kann endlich beginnen. Die Familie *muß* das durchmachen, sie kann nicht mehr darum herum.

Endgültig oder nicht?

Die Unklarheit der »endgültigen« Situation macht auch eine Scheidung oder Trennung in der Praxis manchmal so schwierig. Die Beziehung wird zwar wie gewünscht beendet, aber der frühere Partner »verschwindet« nicht wirklich. Manchmal ist das ein guter Grund für einen der Partner, in eine andere Stadt zu ziehen.

Dieses Nicht-Endgültige, das die Menschen – und wenn es auch nur für kurze Zeit ist – emotional verunsichert, steckt auch im Kern der Reaktion einer Enkelin: Sie konnte einfach nicht glauben, daß ihre Großmutter tot war und im Sarg lag, solange die Zwillingsschwester von Oma, die ihr ausgesprochen ähnlich sah, in der Kirchenbank vor ihr saß.

Diese Ungewißheit spielt auch eine Rolle, wenn der Verdacht auf Ehebruch oder Untreue besteht. Unsicherheit ist schwerer zu verarbeiten, als das Schlimmste sicher zu wissen.

Lieber wirklich tot

Früher oder später wünschen sich sowohl der Partner als auch die Kinder den Tod ihres dementen Lebensgefährten bzw. Elternteils. Der eine sagt so etwas schnell und leicht. Ein anderer verschweigt es lieber, weil er sich schuldig fühlt oder sich schämt, daß er so etwas überhaupt denkt.

Im allgemeinen gibt es drei Gründe für dieses Verlangen. Zunächst einmal, die demente Person durch den Tod endlich von ihrem Leiden erlöst zu sehen. Der Wunsch der Familie, daß sie besser tot sein kann, ist dann gleichbedeutend mit dem Wunsch, jemanden nicht länger leiden zu lassen. Und daß die demente Person unter einer solchen Situation leiden kann, haben wir im vorigen Kapitel gesehen.

An zweiter Stelle muß man durch den Tod des dementen Menschen endgültig nicht mehr mit ansehen, wie er weiter verfällt, und man kann mit allen Gefühlen, die dazu gehören, endlich ins Reine kommen. Der Gedanke der Familienangehörigen, daß die demente Person besser tot sein kann, ist sehr gut nachfühlbar. Dann ist zum Beispiel endlich das unangenehme Gefühl vorbei, vom Vater nicht erkannt zu werden. Oder das unangenehme Gefühl, nicht zu wissen, was in dem anderen vorgeht, wenn er weint oder böse wird. Oder das unangenehme Gefühl der Unsicherheit und Machtlosigkeit angesichts der Verzweiflung der dementen Person.

Und an dritter Stelle macht der Tod des dementen Menschen allen Ungewißheiten ein Ende. Durch ihn wird der Verlust des Ehepartners oder des Elternteils konkret und endgültig. Mit dem Eintritt des wirklichen Todes wird eine undefinierbare Art des langsamen Sterbens endgültig abgeschlossen. Der Wunsch der Familienangehörigen, die demente Person möge endlich sterben, ist auch ein Verlangen, Klarheit über die eigene emotionale Situation zu gewinnen. Ein Verlangen danach, endlich Gewißheit zu haben.

≡ Anwesend und abwesend zugleich

Die Faktoren, die jede Verlustverarbeitung beeinflussen, gelten auch für Demenz, denn auch Demenz ist eine Form von Verlust. Diese Faktoren sind u. a. die Art der Beziehung zu dem Dementen, die Persönlichkeit des Partners bzw. der Kinder; die Umstände, unter denen sich die Demenz weiterentwickelt; die Intensität der Beziehung zwischen dem Partner bzw. den Kindern und dem Dementen; die Verarbeitung eines eventuell früher erlittenen Verlustes. Ein Beispiel für den letzten Faktor: Es kann sein, daß Herr Jansen sich jetzt, wo seine Frau dement wird, wieder genauso ungerecht behandelt fühlt wie damals, als er entlassen wurde und daß er alle schmerzlichen Gefühle von damals jetzt wieder neu empfindet.

Der Prozeß der Verlustverarbeitung für die Familienangehörigen der dementen Person wird auch dadurch erschwert, daß der Verlust nicht eindeutig ist, und damit auch der Status der »Hinterbliebenen«. Ist der Partner nun Witwer oder nicht? Sind die Kinder nun Halbwaisen oder nicht? Ist die demente Person nun schon »verschieden« oder ist sie noch anwesend? In diesem Zusammenhang betrachtet man die Partner von dementen Personen auch als eine Art »Strohwitwer«, als Witwer oder Witwen, deren Frau bzw. Mann noch lebt.

Diese Unsicherheit ist gut vergleichbar mit dem Verhalten und den Gefühlen, die auftreten, wenn eine Person vermißt wird. Wenn jemand vermißt ist, ist die vermißte Person konkret abwesend, aber die Bestätigung dieser Abwesenheit bleibt aus. Bei Demenz ist die demente Person konkret anwesend, aber die Bestätigung dieser Anwesenheit bleibt aus. In dieser Hinsicht ist ein Patient im Koma mit einem dementen Menschen vergleichbar.

Hoffnung und Schuld

Gefühle der Hoffnung und der Schuld sind bei einem normal verlaufenden Trauerprozeß meist von zeitlich begrenzter Art. Für die beiden Fälle Vermißtsein und Demenz ist typisch, daß diese Gefühle sehr lange bestehen bleiben können, auch wenn man sich über die Zusammenhänge im klaren ist – also sogar gegen besseres Wissen. Es ist auffallend, daß manche Familienmitglieder noch immer unter Schuldgefühlen leiden, auch wenn der demente Vater, die demente Mutter oder der demente Ehemann schon jahrelang im Pflegeheim wohnt. Hätte ich nicht so schnell aufgeben dürfen, als Mutter noch zu Hause wohnte? Habe ich Vater vernachlässigt, als er noch im Altersheim lebte? Wäre ich nur nicht krank geworden, als es damals mit meinem Mann zu Hause schiefging, usw. Es fällt übrigens auch auf, daß die Familienangehörigen manchmal trotz aller gegenteiligen Informationen noch bis zum Tode der dementen Person auf Besserung hoffen. Solange jemand lebt, hofft man. Diese Hoffnung wird durch manche spektakulären Berichte in den Medien, daß die Ursachen von Demenz entdeckt worden seien, noch mehr genährt.

Keine Hoffnung mehr haben, kann als Untreue gesehen werden

Solange die demente Person noch lebt, hat der Ehepartner oft nicht den Mut, Dinge, die dem anderen gehören, wegzugeben oder wegzuwerfen oder das Haus radikal an die neue Situation anzupassen, von Umzug oder Scheidung schon gar nicht zu sprechen. Allein schon der Gedanke daran kann von den Beteiligten als Untreue oder als eine Form von emotionalem Mord gesehen werden. Genau wie Eltern, die das Zimmer ihres vermißten Kindes von dem Tag an, als es aus dem Haus ging, unberührt lassen, solange sie nichts von ihm gehört haben. Das Kind könnte ja jeden Moment wiederkommen. Das ist das große Warten auf ein Ereignis, das desto weniger wahrscheinlich wird, je mehr Zeit verstreicht. Erst wenn die Situation deutlich und endgültig ist, kann das Aufräumen oder Verändern beginnen. Erst dann, wenn der Vermißte tot oder lebend gefunden wurde oder wenn die demente Person wirklich gestorben ist.

Eine tiefe Beziehung kann Nachteile haben

Im allgemeinen hat eine tiefe gefühlsmäßige Beziehung zu dem geistig verwirrten Menschen einen positiven Einfluß auf die Belastbarkeit der Familie. Aber es hat sich gezeigt, daß die Dinge individuell oft viel nuancierter sind. Wie lange die Familie Frau Jansen versorgen kann, ob sie nun zu Hause ist oder im Altenpflegeheim wohnt, hängt von der Belastbarkeit ihres Mannes und ihrer Kinder ab. Diese Belastbarkeit hängt ihrerseits, wie wir oben gesehen haben, von vielen Dingen ab, ist aber nicht das einzig Ausschlaggebende. Es gibt auch noch so etwas wie »individuelle Belastungsgrenzen«. Die gleiche Situation kann von verschiedenen Menschen als größere (bzw. kleinere) Belastung erlebt werden: Was für die Kinder kaum eine Belastung bedeutet, kann Herr Jansen vielleicht kaum noch ertragen. Man könnte sich vorstellen, daß bei einer weniger tiefen Beziehung schneller die Hilfe von Pflegepersonal oder Nachbarn eingeschaltet wird. Vielleicht würde eine sehr tiefe Beziehung es Herrn Jansen noch viel schwerer machen zu akzeptieren, daß seine Frau nicht mehr die alte ist. In diesem Falle wäre sein Verlust noch »größer«.

Sie fühlt sich im Stich gelassen

Im vorigen Kapitel haben wir gesehen, daß die geistig verwirrte Person selbst bis zu einem gewissen Grad auf das reagiert, was mit ihr geschieht. Das führt dazu, daß sie Halt und Sicherheit sucht. Wenn demente alte Menschen diese Sicherheit nicht (mehr) finden, können sie sich mutterseelenallein, im Stich gelassen, von allen und jedem verlassen und vom Ehepartner getrennt oder geschieden fühlen. »Sie läuft nicht nur den ganzen Tag hinter mir her,« klagt Herr Jansen, »sie fragt auch noch ständig nach ihrem Mann, obwohl ich doch immer neben ihr sitze!« Und manchmal fügt er mit Bitterkeit in der Stimme und Tränen in den Augen hinzu: »Und wenn ich ihr dann klar zu machen versuche, daß ich ihr Mann bin, wird sie wütend, fängt an, mich zu schlagen und verlangt von mir, dafür zu sorgen, daß ihr Mann endlich wiederkommt!«

Er fühlt sich im Stich gelassen

In diesem Kapitel ist deutlich geworden, daß Herr Jansen neben allen praktischen Problemen im Zusammenhang mit der Demenz seiner Frau auch vor der Aufgabe steht, den Verlust seiner Frau emotional zu verarbeiten. Wir haben gesehen, daß ein solcher Prozeß in der Regel schwieriger ist als die Verarbeitung des Todes einer geliebten Person. Wenn wir einmal davon ausgehen, daß die Jansens eine tiefe Beziehung zueinander hatten, bedeutet dies, daß Herr Jansen langsam nicht nur seine Frau verliert, sondern auch seine Gefährtin, mit der er sein Leben lang Freud und Leid geteilt hat. Mit anderen Worten: mit seiner Frau verliert er auch seine große Hilfe und Stütze. Herr Jansen erleidet also einen doppelten Verlust. So besehen kann auch er sich mutterseelenallein und im Stich gelassen fühlen. Er fühlt sich, als wäre er geschieden, obwohl seine Frau noch bei ihm wohnt und ständig um ihn herumläuft.

Von einander getrennt und doch zusammen

Zwischen einem Ehepaar, bei dem ein Partner dement wird, hört auf die Dauer jeglicher Kontakt auf. In den Augen der Außenwelt leben diese beiden Menschen natürlich noch zusammen, im Grunde können sie sich aber immer weniger zusammengehörig fühlen. Während letzteres, nämlich das Zusammengehörigkeitsgefühl, oft unabdingbar ist, um eine schwierige Situation meistern zu können, schmilzt es nun dahin wie Schnee in der Sonne. Dadurch geraten die betroffenen Menschen in eine schwierige und merkwürdige Situation. Im schlimmsten Fall verliert Herr Jansen mit seiner Frau auch seine Hilfe und Stütze, den Menschen, auf den er sich absolut verlassen konnte. Und gleichzeitig verliert Frau Jansen als Folge des Verlusts ihrer geistigen Fähigkeiten ebenfalls ihre Hilfe und Stütze, den Menschen, auf den sie sich absolut verlassen konnte.

Eine absurde Situation

Wenn zwei Menschen sich emotional nicht mehr aufeinander verlassen können, wenn es keine Verbundenheit mehr gibt, trennen sie sich meistens. Am Ende eines langen gemeinsamen Lebens haben alte Menschen meist eine starke Verbundenheit miteinander. Wenn einer von beiden dann dement wird, führt dies zu einer traurigen, absurden Situation. Beide alte Menschen bleiben zusammen, während sie emotional voneinander getrennt werden. Zwei Menschen leben unter einem Dach, obwohl sie sich emotional nicht mehr aufeinander verlassen können. Jeder ist mutterseelenallein beim anderen. Kein Wunder also, daß diese Gefühle unter solchen Umständen manchmal aufeinander abreagiert werden. Dann kann es zu Streit, Aggression und Gewalttätigkeit kommen.

Eine unklare Situation

Wie wenn jemand vermißt wird, so können die Familienangehörigen auch bei Demenz eigentlich nicht mit der Verarbeitung des Verlustes beginnen oder diesen Verarbeitungsprozeß weiterführen. Es geht nicht vorwärts. Mitbewohner im Altersheim sehen Herrn Jansen nicht als einen trauernden Partner, der seine Frau verloren hat, denn er ist ja noch verheiratet. Dadurch erhält er nicht die emotionale Unterstützung, die er braucht. Aber das ist nicht das einzige. Man versteht auch nicht, was ihm fehlt und was er sucht: eine Stütze und eine Hilfe, Gemütlichkeit, ein bißchen Gemeinsamkeit. Vielleicht vermißt Herr Jansen seine Gefährtin gerade jetzt am meisten, jetzt, in der vielleicht schwierigsten Situation seines Lebens. Er vermißt seine Gefährtin, obwohl diese noch da ist. Wenn er auf der Suche nach ein bißchen Gemütlichkeit die Nähe einer Mitbewohnerin sucht, wirft man ihm schnell Untreue vor. Und nicht nur die Kinder.

Ich erinnere mich an einen Ehemann, dessen Frau in ein Pflegeheim eingewiesen worden war. Erst nach längerer Zeit wagte er es zuzugeben, daß es ihm angenehm war, daß eine ältere Dame einmal in der Woche bei ihm sauber machte. Er freute sich darauf, mit ihr eine Tasse Kasse trinken und ein bißchen plaudern zu können. Mehr nicht.

Habe ich meine Frau wirklich noch?

An der Pforte des Pflegeheims sitzt an den Wochenenden ein Freiwilliger. Es ist ein pensionierter Postbeamter. Er genießt den Umgang mit den Menschen, und die Arbeit macht ihm Spaß. Vor allem, seit seine Frau gestorben ist, hilft ihm diese Tätigkeit, das Wochenende zu überstehen. Wenn er ab und zu ein altes Ehepaar Arm in Arm auf dem Gang laufen sieht, überkommt ihn ein trauriges Gefühl. Er vermißt seine Frau. Er weiß, daß man festgestellt hat, daß Frau Jansen dement ist. Herr Jansen tut ihm leid. Und wenn er die Jansens vorbeigehen sieht, vermißt er seine eigene Frau. Als Herr Jansen auf ihn zukommt und ihm kondoliert, kommen ihm wieder die Tränen und er schweigt kurz. Dann beugt er sich nach vorn und flüstert: »Danke. Seien Sie froh, daß Sie ihre Frau noch haben.« Herr Jansen nickt dankbar, um ihn nicht zu kränken. Als er seine Frau dann endlich allein lassen kann, flüchtet er auf die Toilette und bricht in Tränen aus. Er hat überhaupt nicht das Gefühl, daß seine Frau noch lebt und froh darüber ist er schon gar nicht.

Zusammenfassung

Wenn ich das gewußt hätte!

Das Bild, das die meisten Menschen vom Alter und von Demenz haben, ist sehr unterschiedlich und oft negativ. Man glaubt, daß es viele alte Menschen gibt, die meist in Altersheimen leben, daß die meisten alten Menschen nicht mehr selbständig wohnen und nicht ohne Hilfe leben können. Man glaubt auch, daß viele alte Menschen dement werden.

Dieses durchschnittliche Bild stimmt keineswegs mit der Wirklichkeit überein. Die Wirklichkeit sieht besser aus, als dieses grob skizzierte Bild vermuten läßt. Zur Zeit ist einer von fünf Deutschen über 60, die meisten von ihnen leben selbständig und ohne nennenswerte Hilfe; nur eine kleine Minderheit (sieben Prozent) wohnt in einem Altenpflegeheim; nur einer von 20 von allen Menschen über 60 leidet an Demenz, und auch dann sind es meistens die ältesten unter ihnen.

Die meisten dementen Menschen wohnen nicht in einem Altenpflegeheim, sondern zu Hause. Verglichen mit früher jedoch wohnen heute viel mehr alte Menschen, die sich nicht mehr selbst helfen können, in einem Altenpflegeheim. Unter ihnen gibt es viele, die an Demenz leiden. Dies wird sich in naher Zukunft kaum ändern.

Was genau ist Demenz?

Nach dem heutigen Stand der Wissenschaft handelt es sich um Demenz, wenn sich nach einer gründlichen Untersuchung durch mehrere Spezialisten zeigt, daß das Verhalten eines Menschen – unter anderem Vergeßlichkeit – auf bestimmte unumkehrbare Veränderungen im Gehirngewebe zurückzuführen ist. Wenn eine solche Untersuchung in einem frühen Stadium durchgeführt wird, zeigt sich auch, daß bei einer von fünf Personen keine Demenz vorliegt. Dies bedeutet nicht, daß bei einer frühzeitigen Untersuchung Demenz verhindert werden kann, sondern nur, daß die Symptome in diesem Fall nicht durch Demenz verursacht werden. Bei vier von fünf Demenzfällen handelt es sich um die Veränderungen im Gehirngewebe, die unter dem Namen »Alzheimer-Krankheit« bekannt geworden sind.

Bis jetzt konnten noch keine Ursachen für diese unumkehrbaren Veränderungen im Gehirngewebe festgestellt werden. Deshalb gibt es auch noch keine Behandlung dafür. So wie es jetzt aussieht, ist die Chance auf einen Durchbruch in der Wissenschaft gering und vor allem darauf, daß eine eindeutige Ursache für Demenz gefunden wird. Das liegt möglicherweise daran, daß es sich um eine Vielzahl von Ursachen handelt. Wir müssen also mit Demenz und mit dementen Menschen leben lernen.

Halt suchen

Da Demenz nicht behandelt werden kann, müssen wir versuchen, Menschen, die an Demenz leiden, so gut wie möglich zu begleiten und zu versorgen. Mit ihnen umzugehen, bedeutet in erster Linie, zu verstehen versuchen, was mit ihnen geschieht.

In diesem Buch wurde vor allem auf die Folgen von Gedächtnisstörungen hingewiesen, die das Tun und Lassen der dementen Person prägen. Wir haben deutlich gemacht, daß diese Störungen demente Menschen gewissermaßen dazu zwingen, bei allem und jedem Halt zu suchen.

Wer diesem Bedürfnis nach Halt entgegenkommen will, muß folgendes beachten:

- Denken Sie daran, daß das Gedächtnis dementer Menschen von den gleichen Faktoren beeinflußt wird wie das Ihre.
- Wenn Sie mit dementen Menschen sprechen, müssen Sie darauf achten, daß das, worüber Sie sprechen, von diesen wahrgenommen werden kann.
- Wenn Sie Fragen stellen, fragen Sie dann besser etwas, das eine demente Person erkennen kann und nicht etwas, das sie wissen muß.
- Es ist besser, mit dementen Menschen über früher als über heute zu sprechen.
- Verwenden Sie am besten so wenig Worte wie möglich, um so viel wie möglich zu sagen.

– Außerdem sollten Sie nicht nur mit ihnen sprechen (vor allem nicht zu lange mit ihnen sprechen), sondern Sie sollten demente Menschen dabei möglichst viel sehen, fühlen, riechen und schmecken lassen.

Dies sind einige Tips, die dafür sorgen, daß Sie der dementen Person so nahe wie möglich bleiben, damit Sie ihr Halt bieten können und sie diesen Halt auch fühlt. Einander berühren, Körperkontakt haben, ist wesentlich.

Auf der Suche nach Sicherheit und Geborgenheit

Es stimmt nicht, daß der geistige Verfall etwas ist, das sich außerhalb der Person vollzieht. Es ist falsch anzunehmen, daß nur in der Anfangsphase so etwas wie Einblick in die Krankheit besteht und danach nicht mehr. Es ist besser, davon auszugehen, daß die demente Person – länger als wir zu denken geneigt sind – fühlt, daß merkwürdige Dinge mit ihr geschehen. Die Annahme, daß bei Demenz eine gewisse Bewußtheit besteht, macht vor allem die affektive und emotionale Erlebniswelt der dementen Person erklärbar und zugänglich.

Nicht nur junge Menschen, sondern auch ältere denken manchmal an ihre verstorbenen Eltern. Dieses Verhalten nennt man Elternorientierung. Früher oder später nehmen geistig verwirrte ältere Menschen an, daß ihre verstorbenen Eltern noch leben. Manchmal ist dies auch bei alten Menschen, die nicht dement sind, für kurze Zeit der Fall. Dieses Verhalten nennt man Elternfixierung.

Wenn man von der Bindungstheorie von Bowlby ausgeht, sind sowohl Elternorientierung als auch Elternfixierung als Bindungsverhalten zu verstehen. Die Nähe eines anderen Menschen suchen, ist ein allgemein menschliches Verhalten und keineswegs typisch für eine bestimmte Lebensphase. Es tritt vor allem dann auf, wenn eine bestimmte (Lebens-)Situation oder ein bestimmter Augenblick Unsicherheit hervorruft. Mit dem Wunsch, »nach Hause« zu wollen, können geistig verwirrte ältere Menschen signalisieren, daß sie sich nicht wohl fühlen. Betrachen Sie dieses Verhalten also besser als normales Verhalten in einer abnormalen Situation und nicht als abnormales Verhalten in einer normalen Situation. Ihre dementen Mitbewohner sind oft mit ihrem ganzen Tun und Lassen, mit Leib und Seele, auf der Suche nach Sicherheit.

Sie wissen wahrscheinlich aus eigener Erfahrung sehr genau, was es bedeutet, sich unsicher zu fühlen. Deshalb verstehen Sie auch, was demente Mitbewohner suchen, selbst wenn diesen das nicht immer selbst bewußt ist.

Wenn Sie dem Bedürfnis einer dementen Person nach Sicherheit entgegenkommen wollen, ist es vernünftig, so viel wie möglich in ihrer Nähe zu bleiben. Nicht nur wegen des Bedürfnisses nach Halt, sondern auch wegen des Bedürfnisses nach Sicherheit ist Körperkontakt, einander berühren, von wesentlicher Bedeutung.

Nichts ist gewiß – außer dem Tod

Nicht nur der geistig verwirrte ältere Mensch hat es schwer, sondern auch seine Familienangehörigen und vor allem sein Partner. Dieser hat nicht nur mit zahllosen praktischen, sondern auch noch mit emotionalen Problemen zu kämpfen. Die Familienangehörigen werden damit konfrontiert, daß sie langsam von einem geliebten Menschen Abschied nehmen müssen, ob sie wollen oder nicht. Es beginnt ein Prozeß der Verlustverarbeitung, ein Trauerprozeß mit allen Verhaltensweisen und Gefühlen, die dazu gehören. Was die Familie – der eine in stärkerem Maße als der andere – oft jahrelang durchmachen muß, ist vergleichbar mit dem, was eine Familie erfährt, wenn jemand vermißt wird.

Beim Vermißtsein handelt es sich um die »anwesende Abwesenheit« des geliebten Menschen. Dabei treten vor allem Gefühle der Hoffnung und der Schuld auf. Je länger das Vermißtsein dauert, desto wahrscheinlich wird es, daß der Vermißte nicht zurückkommt. Aber nie kommt die endgültige Bestätigung, daß die bewußte Person gestorben ist. Bei Demenz handelt es sich um die »abwesende Anwesenheit« der geliebten Person. Auch in diesem Fall werden lange Zeit Gefühle der Hoffnung und der Schuld gehegt. In der langen Abwesenheit bleibt ein Widerspruch zur endgültigen Abwesenheit bestehen.

Der Verlust ist nicht endgültig, solange die demente Person noch am Leben ist.

Wie dies auch bei der Verarbeitung anderer Verluste der Fall ist, wird der Prozeß der Verlustverarbeitung bei Demenz auch von anderen Faktoren beeinflußt, unter anderem von der gefühlsmäßigen Beziehung und der Tiefe dieser Beziehung. Es ist vor allem die bei Demenz fehlende Eindeutigkeit des Verlustes, die eine Verarbeitung besonders schwer macht. Daß die Familie früher oder später den Tod der dementen Person herbeiwünscht, ist deshalb erklärlich und verständlich. Diesem Wunsch liegt unter anderem das Verlangen zugrunde, daß die Unsicherheit und vor allem die damit zusammenhängenden Gefühle ein Ende nehmen mögen. Damit die Familienangehörigen endlich wissen und fühlen, woran sie sind.

Bedrohliche Unsicherheit

Eine Schlußfolgerung dieses Buches könnte demnach sein, daß sich demente Menschen mehr oder weniger wie Heimatlose verhalten, wie Menschen, die verwirrt und aus dem Gleichgewicht gebracht sind. Sie fühlen sich so, als ob es nichts und niemanden gäbe, an dem sie sich orientieren können. In ihren Augen bleibt immer weniger übrig, auf das sie zurückgreifen, auf das sie sich verlassen können. Sie werden getrennt, ohne sich zu trennen. Eine Welt mit immer mehr Nebel umgibt sie, sowohl äußerlich als auch innerlich. Entfremdung im Sinne des Wortes. Und in diesem Nebel irrt der demente Mensch umher, auf der Suche nach Sicherheit und Halt. Und da Sicherheit und Halt nicht immer vorhanden oder zu finden sind, kann er sich im Stich gelassen, bedroht, mutterseelenallein fühlen. Kein Wunder, daß demente Menschen dann aggressiv, ängstlich, mißtrauisch und traurig werden können.

»So blöd' bin ich noch lange nicht«

Nicht nur unser Vorstellungsvermögen, auch unsere Worte reichen nicht aus, um zu beschreiben, was genau in der Erlebniswelt von geistig verwirrten Menschen vor sich geht. Eigentlich fangen wir jetzt erst an, Worte zu finden, die zu ihrer Erlebniswelt passen; Worte, mit denen es möglich ist, ihre Welt zu beschreiben, ohne eine gestörte Welt daraus zu machen, eine Welt, die anders ist als die unsere. Dieses Buch möchte deshalb einen Beitrag zu einer kleinen Psychologie der Demenz leisten und mit falschen Vorstellungen von Demenz aufräumen. Dazu gehören zum Beispiel Aussagen wie »Sie macht es absichtlich.« – »Er weiß sowieso nicht, was vor sich geht.« – »Weshalb kümmerst du dich denn überhaupt noch um ihn?« – »Mit ihm ist doch nichts mehr anzufangen.« – und andere mehr.

Der Titel des Buches bezieht sich auf die Tatsache, daß, vor allem zu Beginn des Abbauprozesses, demente Menschen selbst oft sehr gut in Worte fassen können, wie sie behandelt werden möchten. Darüber hinaus will der Titel ausdrücken, daß demente Menschen in vielerlei Hinsicht normalen Menschen ähneln. Es sind Menschen wie du und ich. Demente Menschen verhalten sich, genau wie Menschen dies im allgemeinen in merkwürdigen, fremden und bedrohlichen Situationen und in Augenblicken der Unsicherheit tun: Sie suchen die Nähe eines anderen, ob sie nun zu Hause oder in einem Altenpflegeheim wohnen. Und wenn sie dann trotz aller möglichen Versuche keinen Halt und keine Sicherheit (mehr) finden können, werden sie aufdringlich und fordern Aufmerksamkeit.

Geistig verwirrte, demente Menschen verhalten sich gar nicht einmal so abwegig. Das ist vielleicht die wichtigste Leitlinie für den Umgang mit ihnen.

Wie es zu diesem Buch kam

Ein Modellprojekt

Mitte 1991 begann man in der Region Südholland Nord mit einem modellhaften psychogeriatrischen Förderprojekt. Inzwischen arbeiten fünf Pflegeheime und 36 Altersheime zusammen. Die Art der Zusammenarbeit ist vertraglich festgelegt. Die Vorbereitungen für dieses Projekt reichen bis ins Jahr 1989 zurück. Zum gleichen Zeitpunkt begannen Gespräche zwischen den Pflege- und Altersheimen, Sozialversicherungsträgern, Krankenkassen und den Vertretern der regionalen Behörden. Gleichzeitig wurden andere Organisationen und Instanzen, die an der Ausführung des Projekts beteiligt sind, informiert. Dazu gehören unter anderem die Hausärzte, die regionalen Gesundheitsämter und der medizinische Dienst der Krankenkassen. Das Projekt wird in allen Phasen von einem Ausschuß begleitet. In diesem Ausschuß sind die Pflegeheime, die Altersheime und die regionalen Behörden vertreten. Der Ausschuß wiederum wird von Arbeitsgruppen unterstützt, zum Beispiel auf dem Gebiet der Schulung und der Erstellung von Versorgungsplänen.

Entstehung und Finanzierung

In der Region Südholland Nord gab es jahrelang eine lange Warteliste für die Aufnahme in ein psychogeriatrisches Pflegeheim. 1989 etwa warteten 240 Personen auf die Einweisung. Ein Teil von ihnen wohnte in einem Altersheim. Sie benötigten jedoch eine spezielle gerontopsychiatrische Versorgung, die ihnen das Altersheim aufgrund seiner Ausrichtung bisher nicht bieten konnte. Das psychogeriatrische Modellprojekt zielte gerade auf die bessere psychosoziale Versorgung dieser Heimbewohner.

Die aus dem Jahre 1988 datierende Subventionierungsregelung zur Förderung der Pflegeheimversorgung ermöglichte die Finanzierung. Es standen Gelder zur Verfügung, die landesweit verfügbar waren. Außerdem konnte jedes Pflegeheim seine sogenannten Zwei-Prozent-Gelder (zwei Prozent der pro Pflegeheim festgelegten Pflegegelder, über die jedes Pflegeheim frei verfügen kann) verwenden. Darüber hinaus stellte die Provinz Südholland Gelder für den Projektteil »Schulung und Information« und für das Sekretariat des Ausschusses zur Verfügung.

Projektinhalt

Das Projekt besteht aus drei Teilen:
- Das Erstellen von Versorgungsplänen unter der Verantwortung von und mit der Begleitung durch Pflegeheimärzte und Psychologen. Hierdurch wird auch die Möglichkeit geboten, Wissen und Erfahrungen weiterzugeben.
- Das Altersheim erhält an einigen Stunden pro Woche Unterstützung von Pflegeheim-Mitarbeitern, zum Beispiel von Beschäftigungstherapeuten, die bei der Aufnahme und der Begleitung von Patienten behilflich sind.
- Vor der Durchführung dieser beiden Teile findet zunächst eine Schulung der Mitarbeiter des Altersheimes und der Bewohner (bzw. Bewohnerkommission) sowie deren naher Verwandter statt. Die Bewohner und ihre Familienangehörigen nehmen an dieser Schulung auf freiwilliger Basis teil.

Schulung als Grundlage

Der Rahmenplan für die demenzbezogenen Schulungen basierte hauptsächlich auf Wissen und Erfahrungen aus psychogeriatrischen Pflegeheimen. Bère Miesen, der als klinischer Psychogerontologe im Pflegeheim Mariënhaven in Warmond in den Niederlanden tätig ist, schult sein eigenes Personal bereits seit 1984 mit dem *»Allgemeinen Einführungskurs Demenz«*. Auf Anfrage wurde dieser Kurs auch in Einrichtungen der Basisgesundheitsfürsorge abgehalten bzw. wurden Teile daraus behandelt.

Die Provinz Südholland als Mitinitiator des Projekts war im Rahmen ihrer Bestrebungen, die Altersfürsorge zu erneuern, dazu bereit, das Zustandekommen dieses Buches finanziell zu unterstützen. Die Erfahrungen und die Fachkenntnisse, die in ›Mariënhaven‹ entwickelt wurden, konnten auf diese Weise auch den anderen Alters- und Pflegeheimen in der Region bzw. der Provinz und in den übrigen Teilen des Landes zugute kommen.

Einzigartig

Der Ansatz der Schulung für Altersheime im Umgang mit Demenz ist einzigartig, da auch die Bewohnerkommission und sogar alle Bewohner sowie ihre nächsten Familienangehörigen mit einbezogen werden. Denn im Altersheim gibt es nicht nur Menschen, die dort arbeiten und andere versorgen, sondern auch Menschen, die dort wohnen und leben. Es sind nicht nur die Mitarbeiter, sondern in gleichem Maße auch die Mitbewohner, die mit den Problemen konfrontiert werden, die Bewohner mit Hirnleistungsstörungen verursachen können. Und nicht nur die Mitarbeiter, sondern auch die Mitbewohner können das Verhalten ihrer dementen Mitbewohner (stark) beeinflussen. Das wichtigste Ziel der Schulung war immer, über die Erkenntnisse und die Einblicke in das Verhalten dementer Menschen mehr Toleranz und Verständnis für sie zu gewinnen.

Von der Schulung zu diesem Buch

Dieses Buch entstand auf der Grundlage der Schulung, die die Bewohner und ihre Familienangehörigen in den Altersheimen erhielten, die an dem Modellprojekt teilnehmen. Ziel des Buches ist es zu erreichen, daß auch die Bewohner von Altersheimen an den Entwicklungen in ihrem Heim teilhaben.

Danksagung

Ich danke auch im Namen des Autors Lien Bulthuis, Tischa van der Cammen, Han Diesfeldt, Ries Kleijnen, Keetje Ruizeveld en Leintje Tanja für ihre kritischen Anmerkungen zur ersten Version des Textes und allen Redaktionsmitgliedern der Reihe ›Cahiers Ouderdom en Levensloop‹, vor allem Mia Duijnstee, für ihre Anmerkungen zur zweiten Version.

Decy Eysma
Generaldirektor Mariënhaven
Mitglied des Führungsausschusses